Heinz Habertheuer
Sprüche und Sager aus dem Parlament

Heinz Habertheuer

Sprüche und Sager aus dem Parlament

Zitate aus Nationalratssitzungen

Mit Karikaturen von
Sinisa Pismestrovic

edition fischer

Bibliografische Information der Deutschen Nationalbibliothek:
Die Deutsche Nationalbibliothek verzeichnet diese Publikation in der
Deutschen Nationalbibliografie; detaillierte bibliografische Daten sind
im Internet über http://dnb.dnb.de abrufbar.

© 2022 by edition fischer GmbH
Orber Str. 30, D-60386 Frankfurt/Main
Alle Rechte vorbehalten
Titelbild: Sinisa Pismestrovic
Schriftart: Palatino 11 pt
Herstellung: ef/bf/1A
ISBN 978-3-86455-219-9

Inhaltsverzeichnis

VORWORT

Ein Entschließungsantrag darüber, dass eine funktionierende Demokratie und ein starkes Parlament Fundament und Garant für unsere freie Gesellschaft sind, würde wohl ohne belächelten Spruch oder Sager einstimmig im Hohen Haus angenommen werden. Die genannten Begriffe »Demokratie« und »Parlament« sind dem Altgriechischen und dem Französischen entnommen. »Demos« und »Kratos« sind das Verhältnis von Staatsvolk und Herrschaft, »Parlament« bedeutet übersetzt Besprechung. Damit sind auf jeden Fall wichtigen innerstaatlichen Strukturen passende Namen für den politischen Diskurs gegeben.

Faire Wahlen, Konsensprinzip, Minderheitenrechte, Gewaltentrennung und Grundrechte sind Eckpfeiler, die unseren demokratischen Diskurs ausmachen und für uns unerlässlich sind. Das österreichische Parlament wird dabei nicht nur als Sitz des National- und Bundesrates und als Ort zahlreicher formeller Ausschüsse und informeller Gespräche bezeichnet, sondern ist auch das Herz der Demokratie in unserer Republik.

Welche Vorteile aus der Souveränität für uns als Bevölkerung entstehen, sollten wir uns regelmäßig vor Augen führen und uns bewusst machen, dass dies keine Selbstverständlichkeit ist. Wir müssen die Demokratie immer wieder aufs Neue verteidigen. Eine besondere Möglichkeit diese einhellige Freude und Überzeugung zu der Selbstbestimmtheit der Bevölkerung zu teilen, bietet dieses Buch. Die Aufbereitung der Abläufe im Parlament wird – wie schon in den ersten beiden Ausgaben – wieder vielen Interessierten Freude bereiten. Mir persönlich jedenfalls, da das Buch auch die Menschlichkeit und die »Normalität« der Akteure aufzeigt, die oft durch die politische, faktisch wirkende Fassade der Beteiligten verborgen bleibt.

Die Zitate aus den Reden und Zwischenrufen der Parlamentarier sind die hitzigsten, und für Beobachter mitunter die witzigsten, Situationen im Plenum. Doch die Aussagen in Sitzungen des Nationalrats sollten nicht ohne den Kontext einer parlamentarischen Debatte gesehen werden. Parlamentarierinnen und Parlamentarier aus den verschiedenen Fraktionen und Bundesländern sind nicht selten jahrelange Weggefährten, die auch hinter den Kulissen der öffentlichen Sitzungen unzählige Stunden gemeinsam in Ausschüssen oder informellen Gesprächen verbringen. Das verbindet die handelnden Akteure, auch wenn die politischen Einstellungen oft unterschiedlich sind. Viele der Sprüche und Sager wirken, als wären sie unter entspannten Umständen entstanden und haben tatsächlich einen jahrelangen gemeinsamen Weg mancher Beteiligter als Grundlage. Diese Schönheit der Demokratie – miteinander umzugehen, obwohl die individuellen Meinungen auseinandergehen – kann deshalb als weitere Facette der Menschlichkeit »zwischen den Zeilen« gelesen werden.

Dennoch: Nicht wenige Zitate sind von negativen Emotionen begleitet und wurden oft im Nachhinein von den Abgeordneten unter Bedauern wieder zurückgenommen. Manche der Aussagen gingen zugegebenermaßen zu weit und mussten vom Präsidium mit einem Ordnungsruf bedacht werden. Summa summarum hat es sich das Hohe Haus verdient, dass die gesammelten Sprüche vor folgendem Hintergrund transportiert werden: Die Emotionen zeigen auf, mit wie viel Leidenschaft, Herzblut und Einsatz sich die Mitglieder des Nationalrats bei Debatten für die Anliegen der Bevölkerung einsetzen. Vielleicht ist die eine oder andere unbedachte und belächelte Aussage der Preis, der für eine Volksvertretung mit Leidenschaft bezahlt werden muss. Auf jeden Fall können wir uns mit dieser Herangehensweise gemeinsam auf weitere erheiternde Sprüche und Sager aus dem Parlament freuen!

Zu guter Letzt möchte ich mich bedanken. Einerseits bei den Leserinnen und Lesern für das Interesse an der Demokratie und dem Parlament. Andererseits beim Autor für die intensive Beschäftigung mit dem demokratischen Diskurs und der Ausgewogenheit bei der Auswahl der Zitate, außerdem beim Karikaturisten für die humoristische zeichnerische Aufbereitung der Ausführungen.

Ich wünsche Ihnen viel Freude mit den Sprüchen und Sagern aus dem Parlament!

Nationalratspräsident
Mag. Wolfgang Sobotka

RÜCKBLICK

3. Dezember 1991, 47. Sitzung

Ich glaube, der Berg kreißt und gebiert ein Mäuslein ...
Hohes Haus! Wenn es nicht zum Weinen wäre, dann wäre es
zum Lachen.

Abgeordneter Harald Fischl (FPÖ, zur 50. ASVG-Novelle)

Man könnte jetzt die Frage stellen:
Was unterscheidet den österreichischen Wein von der FPÖ?

Abgeordneter Helmut Wolf (SPÖ)

Die Qualität!

Abgeordneter Jakob Auer (ÖVP)

Dezember 1994, 9. Sitzung

Sie emeritieren in Unwissenheit.

Abgeordneter Jörg Haider (FPÖ)

Und Sie promovieren in Arroganz.

Abgeordneter Ewald Novotny (SPÖ)

Also, ich merke schon, es ist an und für sich überflüssig, diese
Diskussion hier fortzusetzen ... Hier im Plenum halte ich das
für Zeitverschwendung.

Abgeordneter Dr. Alexander Van der Bellen (Grüne)

7. Mai 1996, 20. Sitzung

Mir fällt angesichts dieser Sondersitzung und des bisher von den Freiheitlichen Gehörten nur etwas Literarisches ein, nämlich der Titel der Komödie von William Shakespeare »Viel Lärm um nichts«.

Abgeordneter Mag. Walter Guggenberger (SPÖ)

9. Juli 1996, 34. Sitzung

Wir alle in diesem Haus haben Verantwortung dafür, dass niemand draußen oder auch hier im Haus selbst Grund hat, dieses Parlament als »Quatsch-Bude« zu verhöhnen!

Abgeordneter Dr. Andreas Khol (ÖVP)

11. Juli 1996, 36. Sitzung

Wir werden euch die Demokratie noch lernen!

Abgeordneter Franz Koller (FPÖ)

Wenn Sie einmal Zeit haben, Deutsch auch! Das heißt lehren!

Abgeordneter Peter Schieder (SPÖ)

Ich bin daher der Meinung, dass der Ordnungsruf als einzige disziplinäre Maßnahme in diesem Haus nicht ausreichend ist.

Abgeordnete Mag. Cordula Frieser (ÖVP)

Auspeitschen!

Abgeordneter Dr. Josef Cap (SPÖ)

6. Juli 2001, 76. Sitzung

Es kann doch niemand gezwungen werden zu reden in diesem Haus!

Abgeordneter Mag. Dr. Martin Graf (FPÖ)

27. Februar 2002, 94. Sitzung

Da fährt die FPÖ auf der Autobahn, wundert sich, dass alle entgegenkommen, und kapiert nicht, dass sie selbst der Geisterfahrer ist.

Abgeordnete Mag. Ulrike Lunacek (Grüne)

17. April 2002, 100. Sitzung

Regierungsvorlagen werden im Nationalrat eingebracht – und nicht ins Parlament »geschummelt«.

Präsident[1] Dr. Heinz Fischer

Kollege Van der Bellen, bitte, nicht jedes Zitat von Goethe und Schiller ist in diesem Haus erlaubt.

Präsident Dr. Heinz Fischer

16. Jänner 2007, 9. Sitzung

Herr Klubobmann Van der Bellen, Gott sei Dank habe ich einen Kaffee getrunken, bevor Sie gesprochen haben.

Abgeordneter Dr. Josef Cap (SPÖ)

---

1 Präsident des Nationalrates

REGIERUNG FAYMANN

20. November 2013, 3. Sitzung

Meine Damen und Herren, wir haben … vereinbart, dass wir, so wie bisher, in diesem Saal durchaus harte, heftige inhaltliche Debatten führen werden, denn es geht um viel, aber nie mit persönlichen Diffamierungen.
Präsidentin[2] Mag. Barbara Prammer

27. Jänner 2016, 111. Sitzung

Zwischenrufe gehören zum parlamentarischen Geschehen, keine Frage, aber das sollen keine Dauerzwischenrufe oder Dialoge sein, die dann letzten Endes die Rede eines Abgeordneten auch verhindern und in einen Dialog ausarten lassen.
Präsident Karlheinz Kopf

Was haben Sie oder Ihr Ministerium mit den gefundenen Waffen getan? Haben Sie die am Schwarzmarkt verkauft? …
Abgeordneter Christian Lausch (FPÖ)

He- und Hallo-Rufe bei ÖVP und SPÖ.

Wir sind da nicht im Wirtshaus!
Abgeordneter August Wöginger (ÖVP)

2 Präsidentin des Nationalrates

Als junger Arzt im AKH habe ich alles gelernt – warte! – außer zwei Dinge, nämlich Schmerz und Lunge. Dann lasse ich mich in Meidling nieder, und der erste Patient, der kommt, hat Kopfweh, der zweite hat Kreuzschmerzen ...

Abgeordneter Dr. Erwin Rasinger (ÖVP)

16. März 2016, 117. Sitzung

..., aber wenn Sie einmal in Pension gehen und eine Art Hernalser Tschauner Bühne machen und ich in Wien bin, dann, das verspreche ich Ihnen, komme ich hin und kaufe Ihnen auch eine Karte ab.

Mitglied des Europäischen Parlaments Harald Vilimsky (FPÖ)
(zum Abgeordneten Dr. Josef Cap, SPÖ)

Von Ihnen, der FPÖ, ... erwarte ich mir ja nichts anderes. Sie waren, sind und werden immer gegen die Europäische Union sein, gegen den gemeinsamen Raum von Freiheit, Sicherheit und Recht. ...

Mitglied des Europäischen Parlaments Mag. Ulrike Lunacek (Grüne)

Sie sollten einen Bolzenschneider ins Parteilogo aufnehmen.

Abgeordneter Herbert Kickl (FPÖ)

18. April 2016, 121. Sitzung

... und Ihre Ausführungen einer tatsächlichen Berichtung nicht entsprechen, habe ich Ihnen das Mikrofon abgedreht, ...
Präsident Karlheinz Kopf
(zum Abgeordneten Leopold Steinbichler, STRONACH)

Pilz in die Hofburg! ...
Abgeordneter August Wöginger (ÖVP)

... Ich begrüße, wenn es die ÖVP schon nicht tut, unseren werten Kollegen Andreas Khol herzlich hier im Parlament und drücke ihm in aller persönlichen Wertschätzung mein herzliches Beileid zu seiner Partei aus.
Abgeordneter Dr. Peter Pilz (Grüne)

27. April 2016, 123. Sitzung

Frau Kollegin, Sie können sich nachher selbst zu Wort melden; beim Dreinquatschen sind Sie immer groß, das weiß ich.
Abgeordneter Christoph Hagen (STRONACH)
(zur Abgeordneten Sigrid Maurer, BA (Grüne)

..., und wir sind gerne bereit, Ihnen hier politisches Asyl zu geben, denn wer als Fluchtgrund Erwin Pröll angeben kann, hat sich politisches Asyl in Wien verdient.
Abgeordneter Dr. Peter Pilz (Grüne)
(Zu Innenminister Sobotka)

Als ich in Österreich lebte, ..., aber ich hatte auch immer ein Gefühl der Leichtigkeit, der Behaglichkeit, was daran liegt, dass die Österreicher eben so angenehm sind. Ich habe nie perfekt Deutsch gelernt, aber es gibt ein Wort, das ich gemeistert habe und das dieses Gefühl treffend beschreibt: Gemütlichkeit.

Generalsekretär der Vereinten Nationen Ban Ki-moon

REGIERUNG KERN

19. Mai 2016, 130. Sitzung

..., aber der nächste Ausflug, den Sie machen sollten, wäre einmal eine Rundfahrt mit der U6. Das wäre dann schon ein Beitrag dazu, in der Wirklichkeit in Österreich im Jahr 2016 anzukommen.

Abgeordneter Herbert Kickl (FPÖ, in Richtung Bundeskanzler Kern)

Wissen Sie, was mir noch ein besonderes Anliegen ist? Mir ist es wichtig, dass wir hier keinen Wettbewerb des Runterredens und des Schlechtredens haben.

Abgeordneter Dr. Josef Cap (SPÖ)

Dann setzen Sie sich nieder!

Abgeordneter Herbert Kickl (FPÖ)

15. Juni 2016, 132. Sitzung

Die Frau Fekter ruft permanent dazwischen! Ich habe schon einen Tinnitus auf diesem Ohr, Frau Fekter! Können Sie bitte eine Ruhe geben!

Abgeordneter Mag. Dr. Matthias Strolz (NEOS)

Ich bitte jene Damen und Herren, die dafür stimmen wollen, um ein Zeichen.

Die Abgeordneten der ÖVP bleiben sitzen.

Ich glaube, ihr seid auch dafür. Soll ich es noch einmal vorlesen? Ich würde wetten, dass ihr auch zustimmen wollt.
Präsident Karlheinz Kopf

Die Abgeordneten der ÖVP erheben sich von ihren Plätzen.

6. Juli 2016, 136. Sitzung

Jetzt frage ich Sie: Wer von Ihnen hat in den letzten Jahren Blutschokolade gegessen, und wer hat Schildläuse im Joghurt gehabt?
Abgeordneter Mag. Dr. Matthias Strolz (NEOS)

Ja, ich! ...
Abgeordneter Dr. Walter Rosenkranz (FPÖ)

Schildläuse gibt es wirklich! Im Campari!
Abgeordneter Werner Mag. Kogler (Grüne)

Jetzt ist ein jung gebliebener Redner zu Wort gemeldet, Herr Dr. Cap *(Anmerkung: 1952 geboren).*
Präsident Ing. Norbert Hofer

Herr Klubobmann Strache, weil Sie mich gerade so anschauen: Sollten Sie einmal nach einem Pferd rufen, weiß ich nicht, ob zu Ihnen eines kommen wird.

Abgeordneter Dr. Josef Cap (SPÖ)

Ich habe bis dato immer die SPÖ-Parteiführer davonreiten sehen!

Heinz-Christian Strache (FPÖ)

Zu Wort gemeldet ist Herr Abgeordneter Mag. Kogler.

Präsidentin Doris Bures

Da wird sich der Holub aber freuen!

Abgeordneter Kai Jan Krainer (SPÖ)

Ich bin zu Wort gemeldet?

Abgeordneter Kogler – auf dem Weg zum Rednerpult

Sie sind zu Wort gemeldet, Herr Abgeordneter!

Präsidentin Doris Bures

Wieso bin ich schon zu Wort gemeldet? Wo ist dieser Abänderungsantrag, habts den schon eingebracht?

Abgeordneter Mag. Werner Kogler (Grüne)

7. Juli 2016, 138. Sitzung

Ziel sollten die drei »R« sein – falls Sie wissen, was die drei »R« sind? Diese drei »R«: Vermeiden, verringern und verbessern.

Abgeordneter Josef A. Riemer (FPÖ)

Ich glaube, das Gesetz ist gut ... Aber das Ergebnis ist da. Ich sage das jetzt so, als ob ich Gynäkologe wäre: Es war nicht eine Normalgeburt, es war ein bisschen eine Steißgeburt, bei der das Kind im Geburtskanal stecken geblieben ist.

Abgeordneter Dr. Erwin Rasinger (ÖVP)

Wenn ich mich hier so umschaue, dann meine ich, es wird der eine oder andere, ... sicherlich schon ein Shampoo gegen Haarausfall verwendet haben.

Abgeordnete Ulrike Weigerstorfer (STRONACH)

Ich möchte aber auch auf den Antrag des Kollegen Loacker mit der bezahlten Mittagspause eingehen. Du warst leider nicht im Ausschuss, Kollege Scherak war dort.

Abgeordneter Christoph Hagen (STRONACH)

Der war auf Mittagspause!

Abgeordneter Hannes Weninger (SPÖ)

Ich darf Ihnen noch eines mitgeben, da Sie heute einen Elch präsentiert haben: Die größten Kritiker der Elche waren früher selber welche.

Abgeordneter Mag. Bernd Schönegger (ÖVP)
(zum Abg. Mag. Gerald Loacker, NEOS)

Herr Minister, das ist ja quasi Ihr Start, und ich möchte Ihnen eine Lupe mitgeben, damit Sie sich sehr genau anschauen können, ob wir in diesem Bereich tatsächlich transparent und sauber genug arbeiten.
Abgeordnete Sigrid Maurer (Grüne)

Danke!
Bundesminister für Verkehr, Innovation und Technologie
Mag. Jörg Leichtfried

13. September 2016, 142. Sitzung

Sie sind nichts anderes als ein Luftblasen-Kanzler, der sich ohne demokratische Legitimation da hinten hinstellt, von der Regierungsbank aus irgendwelche Dinge von sich gibt und glaubt, die Welt ist rosarot und schön.
Abgeordnete Dr. Dagmar Belakowitsch-Jenewein (FPÖ)

Die Einladung der FPÖ zu dieser Sondersitzung ist ja wieder einmal so eine Art volkswirtschaftliches Rätsel, ...
Abgeordneter Mag. Nikolaus Alm (NEOS)

21. September 2016, 144. Sitzung

Lassen wir die Kirche im Dorf! Mein Sohn ist Fußball-Nachwuchsspieler.
Abgeordneter Mag. Wolfgang Gerstl (ÖVP)

Wenn er nach Ihnen kommt, kann er nicht sehr erfolgreich sein!
Abgeordneter Heinz-Christian Strache (FPÖ)

Über dieses Regierungsprogramm, dessen Erfüllung und die Entlastung der Regierung, diskutieren wir heute. Wir tun das regelmäßig in Abwesenheit der Bundesregierung, es sitzt ja niemand da!

Abgeordneter Mag. Bruno Rossmann (Grüne)
auf leere Plätze auf der Regierungsbank weisend

Man kann es vielleicht an einer Zahl deutlich machen, wie verantwortungslos in unserer Republik teilweise der Umgang auch mit dem Geld der Österreicherinnen und Österreicher ist: Das Vermögen beläuft sich zurzeit auf minus 153 Milliarden €.

Abgeordnete Claudia Angela Gamon, MSc (WU) (NEOS)

Eines darf ich abschließend sagen: Gesunde Lebensmittel sind nicht teuer, sondern das Teuerste sind billige Lebensmittel.

Abgeordneter Leopold Steinbichler (STRONACH)

12. Oktober 2016, 146. Sitzung

Ich bin der Finanzminister Österreichs und werde in Brüssel dasselbe vertreten wie hier. Österreich wird nicht die Zeche für das Rosinenpicken anderer Länder zahlen.

Bundesminister für Finanzen Dr. Johann Georg Schelling

Werner! Wir sind im privaten Leben so gut miteinander. Lieber Kollege Kogler, trauen Sie mir zu, dass ich weiß, wovon ich spreche!

Abgeordneter Ing. Hermann Schultes (ÖVP)

13. Oktober 2016, 148. Sitzung

Ich habe gestern im Zusammenhang mit Wirtschaftspolitik gehört, der New Deal solle kein Kuhhandel sein. Jetzt weiß ich nicht, woher dieses Zitat ist, ob es aus »Der Bauer als Millionär« oder eher aus »Einen Jux will er sich machen« ist.

Abgeordneter Mag. Andreas Schieder (SPÖ)

Wir wissen nicht, wohin dieses Geld versickert. Wo sind diese Löcher? Wir müssen sie dingfest machen. – Herr Minister, was hindert Sie daran, das zu tun? ... Was hindert Sie daran? Was zum Henker hindert Sie daran, genau das zu tun?

Abgeordneter Ing. Robert Lugar (STRONACH)

Schön sprechen!

Abgeordneter August Wöginger (ÖVP)

Herr Rossmann, ich betrachte es als Lob, wenn Sie mich als schwäbische Hausfrau mit Schnauzbart bezeichnen. Ich würde mich aber an Ihrer Stelle bei den schwäbischen Hausfrauen entschuldigen.

Bundesminister für Finanzen Dr. Johann Georg Schelling

Ich glaube, wenn Klubobmann Lopatka da als Nikolaus bezeichnet wird, dann ist das zumindest gegenüber Nikolaus Alm und Nikolaus Scherak eine ziemliche Gemeinheit.

Abgeordneter Mag. Gerald Loacker (NEOS)

Kollege Steinbichler, der Entschließungsantrag! Lassen Sie uns das gleich erledigen!
Präsident Karlheinz Kopf

Mein Gott na! Herr Rädler hätte mich fast vom Entschließungsantrag abgebracht!
Abgeordneter Leopold Steinbichler (STRONACH)

Der ist doch gar nicht da!
Abgeordnete Martina Diesner-Wais (ÖVP)

9. November 2016, 150. Sitzung

Wenn auf der Besuchergalerie junge Menschen sitzen und sagen:»Ja, ich möchte mich selbstständig machen!«, was ist die Botschaft von ÖVP und SPÖ? – Wir werden euch papierln, wo es nur geht, ...
Abgeordneter Mag. Dr. Matthias Strolz (NEOS)

Also: Wir können noch Bewerberinnen und Bewerber brauchen! Warum sage ich das hier? – Hier kostet diese Werbung nichts, ...
Bundesminister für Justiz Dr. Wolfgang Brandstetter

Kollege Matznetter, mir sind jene Kolleginnen und Kollegen lieber, die die Kuh füttern, die die Kuh pflegen, als jene, die die Kuh melken, und das musst du dir merken. Du bist ein Melker ...
Abgeordneter Leopold Steinbichler (STRONACH)

26

Im Endeffekt ist jetzt Angela Merkel »leader of the free world«.
Abgeordnete Claudia Angela Gamon, MSc (WU)

Das ist eine gefährliche Drohung!
Abgeordneter Ing. Robert Lugar (STRONACH)

10. November 2016, 152. Sitzung

Kollege Krainer lebt immer noch in seiner Pippi-Langstrumpf-Welt.
Abgeordneter Erwin Angerer (FPÖ)

Herr Abgeordneter Rossmann, wenn ich Ihnen so zuhöre, muss ich sagen, man sollte ein Spekulationsverbot für Redebeiträge erlassen.
Bundesminister für Finanzen Dr. Johann Georg Schelling

Es gibt überhaupt keinen Grund dafür, dass wir Parlamentarier uns immer wieder verstecken. Wir brauchen mehr Öffentlichkeit und weniger Intransparenz, und das auf allen Ebenen.
Abgeordneter Dr. Nikolaus Scherak (NEOS)

Mein Kind geht in Niederösterreich in die Schule, und die Klasse ist auf Skiwoche gefahren. Die Lehrerin hat mich gefragt, ob die Schule Helme für die Kinder kaufen darf ... Dann ist mein Kind nach dieser Woche zurückgekommen, und ich habe den Helm gesehen. Ich bin fast vom Sessel gefallen. Wissen Sie, was da draufgestanden ist? – Landeshauptmann Erwin Pröll.

Abgeordneter Ing. Robert Lugar (STRONACH)

Lieber Herr Loacker, Sie haben während der Rede des Abgeordneten Grillitsch kein Recht, von»Bauernbonzen« zu reden.

Abgeordneter Johann Rädler (ÖVP)

Klubobmann Lugar, Sie haben vorhin davon gesprochen, Sie wollen nicht, dass das Ganze hier zum Kasperltheater verkommt. Sie tragen jetzt einen großen Teil dazu bei, dass es so ist.

Präsident Karlheinz Kopf

◇ ◇ ◇

..., das ist die Gewerbeordnung. Sie ist zwar nicht budgetrelevant, aber: Sepp Schellhorn, erstens einmal lasse ich mich da nicht gern von dir an der Hand nehmen, denn ich weiß nicht, wo ich da hinkomme.

Bundesminister für Wissenschaft, Forschung und Wirtschaft Vizekanzler Dr. Reinhold Mitterlehner

..., weil sich die Kärntner und Steirer sehr darum bemüht haben, dass diese Bahnstrecke (*Anm.: Koralmbahn*) in das EU-Netz aufgenommen wird.

Abgeordneter Erwin Angerer (FPÖ)

Jörg-Haider-Gedächtnisbahn!

Abgeordneter Dr. Harald Walser (Grüne)

Sie haben dieses Begräbnis Einstieg in den Umstieg genannt. Das zeigt zumindest, dass Sie Humor haben.

Abgeordneter Dr. Rainer Hable (NEOS)

Sie nicht, Sie habe ich überhaupt noch nie lachen gesehen!

Bundesminister für Finanzen Dr. Johann Georg Schelling

Ich muss gestehen, dass mir bei Ihrer Budgetpolitik wirklich oft das Lachen vergeht.

Abgeordneter Dr. Rainer Hable (NEOS)

Ich brauche nur die Effizienzkriterien des Rechnungshofes an dieses Budget anzulegen, dann kommt das heraus, was auf diesem Stick ist – nämlich der Virus, sodass es nicht stimmt.

Abgeordnete Dr. Gabriela Moser (Grüne)

15. Dezember 2016, 158. Sitzung

Herr Abgeordneter, ich erteile Ihnen für den Ausdruck »Schweinerei« einen Ordnungsruf.

Präsidentin Doris Bures

»Schweinerei«, glaube ich, habe ich nicht gesagt, sondern Sauerei.

Abgeordneter Josef Schellhorn (NEOS)

…, möchte ich dem Herrn Justizminister meine guten Vorsätze für das Jahr 2017 mitteilen, dass ich nämlich die Kurve von Tacitus zu Cicero kriegen möchte, der gesagt hat: Wir sehen, dass Gesetze oft in rauen Mengen beantragt werden. – Zitatende. Übrigens, auch Tacitus hat etwas dazu gesagt: »Früher litten wir an Verbrechen, heute an Gesetzen. «

Abgeordneter Dr. Georg Vetter (ÖVP)

31. Jänner 2017, 160. Sitzung

Wollen Sie wirklich ein Livestreaming von den öffentlichen Plätzen in die Überwachungszentren der österreichischen Polizei?

Abgeordneter Dr. Peter Pilz (Grüne)

Dann haben wir endlich einmal Ihre Freunde im Bild, die am nächsten Wochenende wieder die Innenstadt verwüsten!

Abgeordneter Dr. Walter Rosenkranz (FPÖ)

Wer auffällig geworden ist, der muss überwacht werden, denn es gilt, Anschläge im Keim zu ersticken.

Abgeordnete Mag. Michaela Steinacker (ÖVP)

Gilt das auch für Freiheitliche?!

Abgeordneter Dr. Peter Pilz (Grüne

Aber betreffend eine Wirtschaft, die funktioniert, hat Anton Benya einmal gesagt: Einer Kuh, die man melkt, der muss man vorher etwas zu essen geben. – Damals habe ich es nicht geglaubt.

Abgeordneter Dr. Josef Cap (SPÖ)

Herr Cap, ..., da gibt es einen interessanten Spruch dazu: Wer mit 30 kein Sozialist ist, hat kein Herz, und wer mit 60 immer noch Sozialist ist, hat kein Hirn.

Abgeordneter Ing. Robert Lugar (STRONACH)

Wenn man sich – und es war wirklich genüsslich – die beiden Reden der Kollegen Strolz und Cap angehört hat: Kollege Strolz, da waren Sie ein lahmer Gaul, um bei Ihrer Pferdesprache zu bleiben. Da sitzt ein Rennpferd gegen Sie.

Abgeordneter Jakob Auer (ÖVP, deutet in Richtung Abg. Cap)

Sehr geehrter Herr Präsident! Sehr geehrte Frau Präsidentin! Sehr geehrte Damen und Herren!
Die Rednerin nimmt aufgrund von Heiserkeit einen Schluck aus dem Wasserglas.

Sonst trinke ich am Rednerpult nichts.

Abgeordnete Dr. Gabriela Moser (Grüne)

1. Februar 2017, 162. Sitzung

Diese Enzyklika ist ein ganz großes ökosoziales Manifest. Wenn Sie schon der Opposition nicht glauben, Herr Minister, dann hören Sie wenigstens auf den Papst, denn da steht in Wirklichkeit alles drinnen!

Abgeordneter Georg Willi (Grüne, zu Bundesminister Rupprechter)

Interessanterweise wird ja TTIP durch Präsident Trump, den großen Feind der Zivilgesellschaft der ganzen Welt, jetzt plötzlich gestoppt. Auch ein Treppenwitz der Geschichte.

Abgeordneter Peter Wurm (FPÖ)

1. März 2017, 165. Sitzung

…, auch an diesem Maßnahmenpaket in den nächsten Wochen und Monaten mitzuwirken, und es wird an Sie liegen, sich entsprechend einzubringen.

Abgeordneter Josef Muchitsch (SPÖ)

Ihnen!

Abgeordneter Herbert Kickl (FPÖ)

2. März 2017, 167. Sitzung

Alle Experten sagen das Gleiche, nur das kleine gallische Dorf Sozialministerium erklärt die Erde weiterhin zu einer Scheibe und sagt: Die Pensionen sind sicher.

Abgeordneter Mag. Gerald Loacker (NEOS)

Herr Abgeordneter Loacker! Falls Sie in den Duden schauen und den Unterschied zwischen Unsinn und Schwachsinn suchen, ich habe kurz nachgeschaut – … Reicht Ihnen das als Erklärung?

Präsident Karlheinz Kopf

Er hat aber »Blödsinn« gesagt!

Abgeordneter Werner Neubauer (FPÖ)

Es ist nicht nur der Vorwurf der Lüge hier mit einem Ordnungsruf zu ahnden, sondern Ihre gesamte Rede, Herr Kollege Wurm.

Abgeordneter August Wöginger (ÖVP)

29. März 2017, 171. Sitzung

Herr Abgeordneter, Sie müssen bitte zum Schlusssatz kommen.
Präsidentin Doris Bures

Wenn die Grünen die Wohnrechtsverhandlungen als ...
Abgeordneter Johann Singer (ÖVP)

Der geht in die Verlängerung! Es gibt kein Elfmeterschießen!
Abgeordneter Mag. Albert Steinhauser (Grüne)

Herr Abgeordneter, ich mache Sie noch einmal auf die Redezeit aufmerksam ... Ihre Redezeit ist ausgeschöpft.
Präsidentin Doris Bures

Danke ist das Schlusswort!
Abgeordneter Ing. Robert Lugar (STRONACH)

Ich darf fortsetzen ...
Abgeordneter Johann Singer (ÖVP)

Das ist ziviler Ungehorsam!
Abgeordneter Mag. Albert Steinhauser (Grüne)

Am vergangenen Freitag hat mich die Stimme von Minister Drozda aus dem Radiowecker geweckt. Er hat gesagt, er habe Großes zu verkünden, es werde eine Mietrechtsreform geben. – Ich war hellwach.
Abgeordneter Mag. Albert Steinhauser (Grüne)

War das das »Mittagsjournal«?
Abgeordneter Mag. Bernd Schönegger (ÖVP)

Du kannst dir sicher sein, bei Rot stimmen Inhalt und Verpackung zusammen, bei Blau können Inhalt und Verpackung ein bisschen unterschiedlich sein.

Abgeordneter Ing. Markus Vogl (SPÖ)

Grüne Wirtschaftspolitik mag auf dem Papier logisch wirken, in der Praxis funktioniert die Welt ein bisschen anders.

Abgeordneter Gabriel Obernosterer (ÖVP)

Woran erkennt man, dass Frühling ist?
Die NEOS wachen auf.

Bundesminister für Finanzen Dr. Johann Georg Schelling

Mein besonderer Gruß gilt der Defamation League in der fünften Reihe des grünen Blocks! Der Geiferer, der Hauptobergesinnungsinspektor Walser, Schuldirektor Walser, fleischgewordene ...

Abgeordneter Mag. Roman Haider (FPÖ)

Herr Abgeordneter, bevor das jetzt heftig wird ...

Präsident Karlheinz Kopf

Ich möchte noch einen Satz auf den Antrag der Kollegin Brunner betreffend die streunenden Katzen verwenden – mit Streunern kennt sich Klubobmann Lopatka aus.

Abgeordneter Mag. Gerald Loacker (NEOS)

Es ist schon eine fast schizophrene Art einer Fraktion, fast in jedem Redebeitrag den Finanzminister anzurotzen, ihn fast wie den Räuberhauptmann Hotzenplotz ...

Abgeordneter Johannes Schmuckenschlager (ÖVP)

Frau Abgeordnete Dr. Moser, für die Scheibenwischerbewegung erteile ich Ihnen einen Ordnungsruf.

Präsident Ing. Norbert Hofer

Der Antrag der Grünen verlangt ein Nachsitzen des Innenministers im Bereich der Grund- und Menschenrechte.

Abgeordneter Hannes Weninger (SPÖ)

Nach dem alten Rezept der ÖVP: Bei der Hofübergabe 2008
hat Josef Pröll von Willi Molterer das Motto übernommen:
»Hände falten, Gosch'n halten!«

Abgeordneter Leopold Steinbichler (STRONACH)

Der Europaminister ist für Österreich unterwegs!
Abgeordneter Dr. Reinhold Lopatka (ÖVP)

Wo? In der europapolitischen Geisterbahn!
Er ist in der Geisterbahn unterwegs!
Abgeordneter Mag. Werner Kogler (Grüne)

Kollege Kogler, wenn ich Sie anschaue: Sie passen besser in die Geisterbahn als Sebastian Kurz, das sage ich Ihnen ganz ehrlich.
Abgeordneter Dr. Reinhold Lopatka (ÖVP)

◇◇◇

… Und wären Sie Arzt, zu Ihnen ginge ich nicht, weil Sie keine Lösungen haben. Da verhungert jeder Apotheker.

Abgeordneter Dr. Josef Cap (SPÖ, zu Klubobmann Strache)

◇◇◇

Frau Kollegin, ist es Ihre erste Rede?

Präsident Ing. Norbert Hofer

Abgeordnete Doppelbauer bejaht.

Dann darf ich darauf hinweisen, dass es üblich ist, bei der ersten Rede auf Zwischenrufe zu verzichten.

Präsident Ing. Norbert Hofer

Das ehrt mich natürlich sehr!

Abgeordnete Dipl.-Ing. Karin Doppelbauer (NEOS)

◇◇◇

Es ist übrigens so, liebe ÖVP: … Sie haben aber nicht die Cojones, dass sie das öffentlich sagen, …

Abgeordneter Mag. Dr. Matthias Strolz (NEOS)

Herr Klubobmann! Auch in einer Fremdsprache ist dieser Wortgebrauch nicht zulässig. Wollen Sie das zurücknehmen?

Präsident Karlheinz Kopf

Ja!

Abgeordneter Mag. Dr. Matthias Strolz (NEOS)

Bedeutend ist aber auch die repräsentative Demokratie im Rahmen des Parlaments, des Bundesrates und der Landtage. Demgegenüber stehen die Verträge TTIP und CETA. Diese sind sozusagen Ausdruck des Gegenmodells, und dieses Gegenmodell nennt sich Plutokratie. »Plutos« bedeutet Reichtum, Vermögen, es geht also um die Macht der Reichen und Vermögenden und der Konzerne.

Abgeordneter MMMag. Dr. Axel Kassegger (FPÖ)

Schauen Sie, das ist eine einfache Rechnung – Grundrechnungsarten: ...

Abgeordneter Dr. Nikolaus Scherak (NEOS)

Kasperltheater!

Abgeordneter Dipl.-Ing. Gerhard Deimek (FPÖ)

Das ist so eine ungeheuerliche Frechheit und Dummheit, die Sie hier begehen, wirklich eine Dummheit, weil es ganz einfach ...

Abgeordneter Dipl.-Ing. Dr. Wolfgang Pirklhuber (Grüne)

Herr Abgeordneter!

Präsident Karlheinz Kopf

Herr Präsident! Ich nehme das insofern zurück, als es ...

Abgeordneter Dipl.-Ing. Dr. Wolfgang Pirklhuber (Grüne)

Relativieren Sie es nicht, nehmen Sie den Ausdruck einfach zurück.

Präsident Karlheinz Kopf

Sie müssen wissen, ich habe jetzt für Herrn Lopatka und Herrn Kurz eine eigene Melodie auf meinem Handy.

Abgeordneter Mag. Dr. Matthias Strolz (NEOS)

Spiel mir das Lied vom Tod?

Abgeordneter Herbert Kickl (FPÖ)

Immer wenn die zwei anrufen, dann klingelt es und es erklingt: Drah di net um, der schwarze Mann geht um!

Abgeordneter Mag. Dr. Matthias Strolz (NEOS)

…, dann, Herr Kurz, muss ich Ihnen sagen, Sie sind wie ein Hausverwalter, den man tausendfach davon in Kenntnis setzt, dass das Haus einsturzgefährdet ist, dass alles defekt ist; Sie würden dann auch sagen: Wir haben neue Spannteppiche verlegt!

Abgeordneter Ing. Robert Lugar (STRONACH)

Die ÖVP hat ja eine hohe Expertise in der Integration; fast jeden Monat wird in den ÖVP-Klub ein politischer Überläufer erfolgreich intrigiert, Entschuldigung, integriert.

Abgeordneter Dr. Harald Troch (SPÖ)

Ich bin ja gespannt, wie die Kurz'sche handverlesene Auswahl aussieht, wie viele Hyporianer da noch drinnen sind, wie viele Fladeranten da noch mit von der Partie sind.

Abgeordneter Mag. Werner Kogler (Grüne)

17. Mai 2017, 181. Sitzung

Und die Nachdenklichkeit des Reinhold Lopatka! Immer wenn er so schaut, denkt er nach. Es kommt nicht oft vor, aber manchmal ist es so.

Abgeordneter Dr. Josef Cap (SPÖ)

Ich bin wirklich glücklich, dass Sie jetzt Vizekanzler sind. Ihnen traue ich es nämlich zu, dass Sie etwas Ruhe in diesen zerstrittenen Flohhaufen hineinbringen – das muss man einmal klar sagen ...

Abgeordneter Christoph Hagen (STRONACH)

7. Juni 2017, 183. Sitzung

Das war regionaler Topfen, den er jetzt erzählt hat!

Abgeordneter Dr. Christoph Matznetter (SPÖ, zu Abg. Steinbichler)

Ich habe mir gedacht, wir sind in der Fristsetzungsdebatte, aber wir sind in einer Märchenstunde gelandet. ...

Abgeordneter Dieter Brosz, MSc (Grüne)

Wenn ich mir heute die Reden der SPÖ so anhöre, dann frage ich mich, ob das gestern am Nachmittag in der SPÖ-Zentrale der SPÖ-Redenschreiber war, der eine Watschn bekommen hat.

Abgeordneter Wendelin Mölzer (FPÖ)

28. Juni 2017, 188. Sitzung

Es gehört mittlerweile zum Allgemeinwissen, dass Männerschnupfen eine der gefährlichsten Krankheiten überhaupt ist, ...

Abgeordnete Dipl.-Kffr. (FH) Elisabeth Pfurtscheller (ÖVP)

Wir haben in den Jahren 2015 und 2016 immens hohe Zahlen an Asylwerbern zu verzeichnen gehabt.

Abgeordneter Mag. Michael Hammer (ÖVP)

Spaßvogel!

Abgeordneter Elmar Mayer (SPÖ)

Ich bin aufgrund dessen, dass wir auch eine Frau gebraucht haben, in den Gemeinderat von Attnang gekommen, und diese Quote hat mich nicht blöder gemacht.

Abgeordnete Mag. Dr. Maria Theresia Fekter (ÖVP)

29. Juni 2017, 190. Sitzung

Es gibt hier im Parlament noch ein Raucherzimmer, da ganz hinten. Das ist auch im Parlament, wenn Sie mich fragen, der letzte mögliche Ort, an dem noch parteiübergreifend Kommunikation stattfindet.

Abgeordneter Peter Wurm (FPÖ)

Heute ist wirklich ein guter Tag: noch ein Tagesordnungspunkt, um Österreich ein Stückchen besser zu machen! Am liebsten würde ich durchmachen, ...

Abgeordnete Nurten Yılmaz (SPÖ)

Die Fakten sind, und das haben Sie, Herr Matznetter, in Ihrem Traum- beziehungsweise Luftschloss vergessen, das sich Wirtschaftskammer nennt, wo Sie Funktionär sind.

Abgeordneter Ing. Robert Lugar (STRONACH)

13. Juli 2017, 192. Sitzung

Dem Islam, bitte, haben Sie den rot-schwarzen Teppich ausgerollt. Bei Herrn Kurz hatte ich ja schon eine Zeit lang Angst, dass er als Zeichen der gelungenen Integration konvertiert ...

Abgeordneter Herbert Kickl (FPÖ)

Und siehe da, diese Gefahr geht auch – lassen wir einmal die FPÖ weg! – vor allem von der ÖVP aus. Sie haben Ihre Parteizentrale, Ihre Fußtruppen türkis übertüncht, das verhindert aber nicht, dass immer klarer wird, dass Sie blaue Politik machen wollen.

Abgeordneter Mag. Werner Kogler (Grüne)

Das war keine Rede, es war eine Predigt.

Abgeordneter Dr. Josef Cap (SPÖ, zu Abg. August Wöginger)

Das ist ein ganz besonderes Gefühl, das erste Mal in einem völlig neuen Raum, in einem neuen Saal – auch mit einer neuen Liste, aber das ist jetzt nicht das Wichtigste – zu Ihnen zu sprechen.

Abgeordneter Dr. Peter Pilz (ohne Klubzugehörigkeit)

... das letzte Mal!

Abgeordneter Johann Rädler (ÖVP)

Ja, und die neueste Sau, die durch das Dorf getrieben wird, ist die Behauptung, das deutsche Bundesinstitut für Risikobewertung hätte von Monsanto abgeschrieben ...

Abgeordneter Mag. Gerald Loacker (NEOS)

Und um mit gutem Beispiel voranzugehen, werde ich ab 9. November meine Brötchen auch nur noch am freien Markt verdienen.

Abgeordneter Dr. Georg Vetter (ÖVP)

Ruf bei der ÖVP: Du hast für das Krawattenbinden 8.000 € verdient!

Wir gelangen nunmehr zur Abstimmung über den Entschließungsantrag der Abgeordneten Mag. Hauser, Kolleginnen und Kollegen betreffend Schaffung von zusätzlichen Investitionsanreizen für Terrorismusbetriebe – ... Entschuldigung, Tourismusbetriebe!

Präsidentin Doris Bures

Das erste Problem war eben der Glaube an irgendwelche militärisch-industriellen Pippi-Langstrumpf-Ökonomen – ja, meistens Männer, dafür ist Pippi Langstrumpf da nun ein bisschen zu Unrecht in Verschiss geraten –, aber trotzdem im Prinzip und de facto Voodoo-Ökonomen, einen solchen Plunder zu erzählen.

Abgeordneter Mag. Werner Kogler (Grüne, zur Causa Eurofighter)

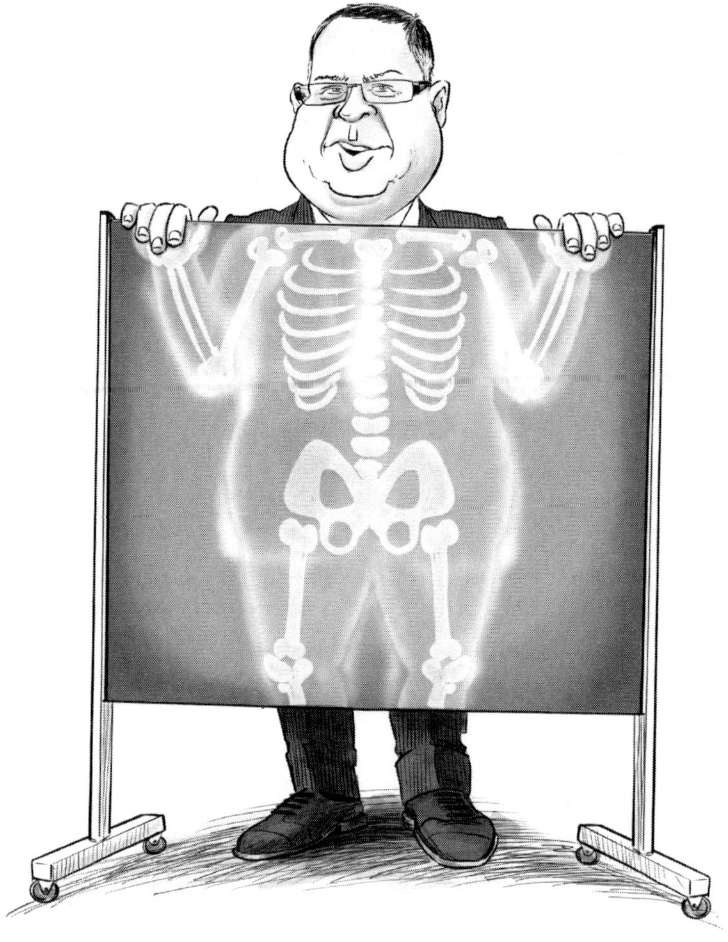

Wir von der Volkspartei fordern, dass auch in diesen Bereichen die völlige Transparenz herrschen soll …
Abgeordneter August Wöginger (ÖVP)

Wollen Sie sich hier für den Villacher Fasching bewerben?
Abgeordneter Mag. Werner Kogler (Grüne)

◇ ◇ ◇

Herr Abgeordneter, ... Bitte wiederholen Sie zuerst den zu korrigierenden Sachverhalt! – Bitte.
Präsident Karlheinz Kopf (zum Abgeordneten Elmar Mayer)

Die ganze Rede gehört berichtigt, das geht aber leider nicht!
Abgeordneter Karl Öllinger (Grüne)

4. Oktober 2017, 197. Sitzung

Ja, dass Herr Kurz nie ins Parlament kommt, in das er als Regierungsmitglied gehörte, das wissen wir. Wo ist er denn überhaupt die ganze Zeit? Erklärt er sich hier? – Nein, er tritt nur mehr im Fernsehen auf, wie ein Fernsehguru.
Abgeordneter Mag. Werner Kogler (Grüne)

12. Oktober 2017, 199. Sitzung

Anwesende Blockierer und Verhinderer!
Hochgeschätzte Umweltbewegte vor den Fernsehapparaten ...
Abgeordneter Matthias Köchl (Grüne)

Die Österreicherinnen und Österreicher haben sich eine politische Debatte und politische Entscheidungen verdient, die ihre Lebensrealitäten in den Mittelpunkt stellen, mit konkreten Lösungen für ihre Probleme, ...
Bundeskanzler Mag. Christian Kern

Jetzt bringen wir den Misstrauensantrag ein!
Abgeordneter Herbert Kickl (FPÖ)

Herr Präsident, wie schaut es aus?
Gibt es für jedes Jahr hier herinnen eine Bonusminute?
Abgeordneter Karl Öllinger (Grüne)

Nur ein graues Haar, Herr Abgeordneter.
Präsident Ing. Norbert Hofer

Die Wirtschaftskammer ist de facto tot, die hat keine Experten mehr, das ist ein Wahnsinn für jeden Unternehmer; und eigentlich müsste sie all die Pflichtbeiträge zurückzahlen und das mit einem Schmerzensgeld verdoppeln.
Abgeordneter Josef Schellhorn (NEOS)

... 1. September 1975, ich war gerade Lehrling, ...
Bundesminister für Arbeit, Soziales und Konsumentenschutz Alois Stöger

Herr Bundesminister, ich habe jetzt endlich das Problem der Sozialdemokratie erkannt: Sie sind im Jahr 1975 stehen geblieben.
Abgeordneter Dr. Nikolaus Scherak, MA (NEOS)

Ich würde mir wünschen, dass wir diesen Geist des offenen Parlaments, wie wir ihn in der XXV. Gesetzgebungsperiode gelebt haben, und auch den Geist und den wirklich ehrlichen Willen und das ehrliche Bekenntnis, dass wir hier Gesetze beschließen wollen, die den Menschen ihr Leben erleichtern, die zu einer Verbesserung der Lebenssituation der Menschen in unserem Land führen, auch in die nächste Gesetzgebungsperiode mitnehmen ...
Auszug aus der Schlussansprache der Präsidentin Doris Bures

9. November 2017, 1. Sitzung
Nationalrat, XXVI. Gesetzgebungsperiode

Ganz selbstverständlich sollte sein, dass wir einander mit Anstand begegnen. Das gilt nicht nur für den Umgang zwischen Männern und Frauen, sondern für den Umgang miteinander ganz allgemein.
Abgeordnete Dr. Irmgard Griss (NEOS)

13. Dezember 2017, 4. Sitzung

Zum Glück sind aber viele Bauern in Österreich ja wesentlich verantwortungsvoller als der Bauernbundpräsident.
Abgeordneter Mag. Andreas Schieder (SPÖ)

Sie sollten sinnerfassend lesen lernen!
Abgeordneter Johann Rädler (ÖVP)

Da weiß ich jetzt nicht, ob sich gerade der Richtige meldet.
Abgeordneter Mag. Andreas Schieder (SPÖ

Ich möchte die Bierzeltstimmung im SPÖ-Sektor jetzt ein wenig bremsen.
Abgeordneter Dr. Walter Rosenkranz (FPÖ)

Regierung Kurz I

20. Dezember 2017, 5. Sitzung

Frau Ministerin Köstinger, dieses Haus ist keine Studentenbude, in die man hineingeht, wann man will, und aus der man wieder hinausgeht, wann man will ...

Abgeordneter Dr. Peter Wittmann (SPÖ)

Ich komme zunächst zur Person des ehemaligen Innenministers Sobotka. Zum Positiven: Ich halte ihn für einen guten Musiker.

Abgeordneter Dr. Peter Wittmann (SPÖ)

◇ ◇ ◇

Herr Präsident des Nationalrates außer Dienst, Dr. Helmut Kohl! – Andreas! Entschuldigung, tut mir leid; das war ein Freud'scher!

Vizekanzler Heinz-Christian Strache

…, aber Ihre Leuchttürme bestehen aus einem Berg leerer Zigarettenschachteln.

Abgeordneter Mag. Christian Kern (SPÖ, in Richtung Regierung)

Der Herr Kern hat ja anscheinend seine Kernkompetenz aus seiner Zeit, als er noch Schienen-Sektionschef war, mitgenommen, nämlich die Kernkompetenz der Entgleisung …

Abgeordneter Mag. Johann Gudenus, M.A.I.S. (FPÖ)

Wenn ich mich umschaue, habe ich links neben mir blau, rechts neben mir blau, hinter mir blau, vor mir blau …

Abgeordneter Peter Wurm (FPÖ)

Ruf bei der SPÖ: Und selber auch blau?!

Guten Morgen! (*Anm.: 0.40 Uhr*) Ein guter Morgen beginnt mit einer guten neuen Regierung, mit einem guten Stil, mit einem neuen Stil, nämlich mit qualifizierten Zwischenrufen.

Abgeordneter Johann Rädler (ÖVP)

28. Februar 2018, 9. Sitzung

Wenn ich Ihnen zuhöre, Herr Strache, und Sie sagen: Ich will eh eine Volksabstimmung, aber ich kann nicht, weil mich die ÖVP fesselt!, und dann Herrn Kurz höre, der sagt: Ich will eh eine Volksabstimmung, aber ich kann nicht, weil mich die FPÖ fesselt!, dann frage ich mich: Ist diese Regierung ein Selbstfesselungsverein? Ist das ein Bondageklub?

Abgeordneter Mag. Dr. Matthias Strolz (NEOS)

Oder gibt es ein Fettverbot oder ein Zuckerverbot oder ein Schweinsbratenverbot? ...

Abgeordneter Ing. Robert Lugar (FPÖ)

Es gibt kein Passivschweinsbratensterben!

Abgeordnete Dr. Pamela Rendi-Wagner, MSc (SPÖ)

(Debatte zum Rauchverbot)

**Zum Beitrag des Herrn Kollegen Strolz von den Freiheitlichen ...
... ah, von den NEOS!**

Abgeordneter Gabriel Obernosterer (ÖVP)

Das hat weder er noch wir verdient!

Mag. Roman Haider (FPÖ)

Wenn ich so die Redebeiträge der Regierungsparteien, auch Ihre Redebeiträge, Herr Vizekanzler, Frau Ministerin, anhöre, dann fällt mir eigentlich nur das Zitat von Ludwig Thoma ein: »Die Mehrheit samma, aber die Bledern a.« ...

Abgeordneter Josef Schellhorn (NEOS)

◇ ◇ ◇

An und für sich wollte ich nichts mehr sagen, aber es geht einfach nicht.

Abgeordneter David Lasar (FPÖ)

1. März 2018, 11. Sitzung

Als Steigbügelhalter gehen Sie her und verhelfen der ÖVP dazu, Sozialabbau zu betreiben.

Abgeordneter Wolfgang Knes (SPÖ)

Gehört das zum Thema Petitionsausschuss?

Abgeordnete Carmen Schimanek (FPÖ)

◇ ◇ ◇

Und ihr sprecht von 140 bis 160 km/h?! Das ist auch Tarnen und Täuschen, was ihr mit der Bevölkerung aufführt.

Abgeordneter Wolfgang Knes (SPÖ)

Ihr fahrt noch mit dem Tretroller.

Abgeordneter Wolfgang Zanger (FPÖ)

Unterstützen Sie das Volksbegehren Don't smoke mit Ihrer Unterschrift!

Abgeordneter Mario Lindner (SPÖ)

Da das rote Lämpchen am Rednerpult nach Ablauf der eingestellten Redezeit nicht zu blinken beginnt, ersucht Präsidentin Bures den Abg. Lindner, mit seiner Hand auf das Lämpchen zu klopfen. Abg. Lindner kommt diesem Ersuchen nach, und nach mehrmaligem Klopfen leuchtet das Lämpchen.

Jetzt ist dir ein Licht aufgegangen, gell?

Abgeordneter Wolfgang Zanger (FPÖ)

Und ein rotes auch noch dazu!

Abgeordneter Mario Lindner (SPÖ)

19. März 2018, 13. Sitzung

Das Parlament ist der Ort der Aufklärung, der Diskussion, der Fragen und Antworten. Dabei geht es aber nicht nur um das Was, sondern auch um das Wie. Daher ersuche ich Sie, sich diesem Thema wirklich mit der gebotenen Sachlichkeit und mit einem entsprechenden respektvollen Umgang zu nähern und auch durch diese Diskussion unter Beweis zu stellen, dass unsere Bevölkerung dieses hohe Vertrauen zu Recht hat.

Präsident Mag. Wolfgang Sobotka

Ein Kapitän, das haben wir gelernt, geht als Letzter von der Brücke, und er tut das, noch bevor er einen Tweet abgesetzt hat, um sich ins Beiboot zu retten.

Abgeordneter Mag. Christian Kern (SPÖ)

Sagt der abgewählte Bundeskanzler!
Abgeordneter Mag. Johann Gudenus, M.A.I.S. (FPÖ)

◇◇◇

Für Sie war die Unschuldsvermutung etwas, worüber Sie gelacht haben, wenn es Ihnen ins politische Konzept gepasst hat.
Bundesminister für Inneres Herbert Kickl (in Richtung SPÖ)

Geschäftsordnung! Wo sind wir denn?
Abgeordneter Mag. Andreas Schieder (SPÖ)

Im Parlament, Herr Schieder!
Abgeordneter Mag. Johann Gudenus, M.A.I.S. (FPÖ)

21. März 2018, 15. Sitzung

Es ist von den jungen Menschen sehr oft die Frage gekommen: … Was muss man denn eigentlich als Abgeordneter oder als Abgeordnete können? – Und ich habe dann oft zu ihnen gesagt: Nichts.
Abgeordnete Ulrike Königsberger-Ludwig (SPÖ)

◇◇◇

Ich darf den ehemaligen Ministerpräsidenten von Bayern Franz Josef Strauß zitieren, der einmal gesagt hat: »Irren ist menschlich, aber immer irren ist sozialdemokratisch.«
Abgeordneter Hermann Brückl (FPÖ)

Das war das Spektakel, das Sie versucht haben hier mit drastischen Sprüchen, mit bunten Farben aufzuführen, entgegen aller Faktenlage. Ich kann Ihnen ehrlich sagen, dafür gebührt Ihnen der Karl-Heinz-Grasser-Anerkennungspreis ...

Abgeordneter Mag. Christian Kern (SPÖ, Richtung Regierung)

Da Sie heute angefangen haben zu rechnen, sehr geehrter Herr Kern, sage ich Ihnen: Wenn Rote zu rechnen beginnen, dann wird es meistens gefährlich.

Abgeordneter Mag. Johann Gudenus, M.A.I.S. (FPÖ)

Herr Präsident Sobotka, könnte man bitte in die Geschäftsordnung aufnehmen, dass Sie immer dann, wenn sich Herr Strasser zu Wort meldet, anstelle: Als Nächster zu Wort gemeldet ist der Herr Strasser!, sagen: Wir unterbrechen jetzt kurz unsere Debatte und bringen eine Werbeeinschaltung des Österreichischen Bauernbundes?

Abgeordneter Kai Jan Krainer (SPÖ)

Raucht der Herr Strache Räucherstäbchen? ...

Abgeordneter Dr. Johannes Jarolim (SPÖ)

Neue Politik ist es, dass es völlig egal ist, was wir vor der Wahl versprochen haben! Neue Politik ist Beliebigkeit. Neue Politik ist es, die Ehe zwischen H.-C. Strache und Sebastian Kurz aufrechtzuerhalten.

Abgeordneter Philip Kucher (SPÖ)

17. April 2018, 19. Sitzung

Diese Debatte ist fad und sie ist langweilig.

Abgeordneter Dr. Alfred J. Noll (PILZ)

Sie tragen aber nicht dazu bei, dass es anders wird!

Abgeordneter Mag. Roman Haider (FPÖ)

Zur Liste Pilz verliere ich jetzt gar nicht viele Worte. Sie haben, glaube ich, mit Ihrem eigenen Kolbenreiber zu kämpfen ...

Abgeordnete Marlene Svazek, BA (FPÖ)

... Ich glaube, dass das einzigartig ist ...

Abgeordneter Dr. Peter Wittmann (SPÖ)

Das Handy des Redners läutet

Ihr Handy, Herr Kollege!

Vizekanzler Heinz-Christian Strache

Das war der Strache!

Abgeordneter Dr. Johannes Jarolim (SPÖ)

Türkis-Blau ist die Zukunft, und das über viele Jahre, da bin ich mir sicher!
Abgeordneter Wolfgang Zanger (FPÖ)

Diese Strategie ... reicht höchstens für einen Marketingwettbewerb bei der »Spatzenpost«, ...
Abgeordneter Josef Schellhorn (NEOS)

Ich habe eine ehrliche und nicht zynische Frage an die Kolleginnen und Kollegen von der ÖVP: Wie geht es Ihnen eigentlich wirklich damit, dass Herr Bundesminister Kickl so tut, als wäre er der erste Innenminister in der Zweiten Republik?
Abgeordnete Nurten Yılmaz (SPÖ)

Von einem ehemaligen Verkehrsminister hätte ich mir übrigens auch mehr erwartet, als dass er sein demokratiepolitisches Polytrauma am Rednerpult auslebt.
Abgeordneter Christian Hafenecker, MA (FPÖ)

Ich glaube nicht, dass das, was ein Pferd in der Haltung kostet, so teuer ist wie drei oder vier Staatsanwälte.
Abgeordneter Peter Gerstner (FPÖ)

20. April 2018, 21. Sitzung

Alle Fraktionen hier im Haus – auch dafür ein Danke, und auch ein Danke für die Unterstützung vonseiten der SPÖ – haben den Beschluss der Nulllohnrunde für uns mitgetragen.

Abgeordneter Karl Nehammer, MSc (ÖVP)

Körberlgeld!

Abgeordneter Dr. Johannes Jarolim (SPÖ)

16. Mai 2018, 23. Sitzung

Für das, was Sie hier mit CETA vorhaben, geschätzte Damen und Herren, gibt es zwei Wörter: Verrat und Ignoranz ...

Abgeordneter Mag. Jörg Leichtfried (SPÖ)

17. Mai 2018, 25. Sitzung

Herr Abgeordneter, wenn Sie jetzt schon wissen, was das Ergebnis sein wird, dann sind Ihre Fähigkeiten wesentlich beachtenswerter als die von Gerda Rogers und allen Zukunftsforschern ...

Bundesminister für EU, Kunst, Kultur und Medien im Bundeskanzleramt Mag. Gernot Blümel, MBA (zu Abg. Kai Jan Krainer)

11. Juni 2018, 27. Sitzung

Sie müssen mit befreundeten Geheimdiensten in anderen Ländern zusammenarbeiten, denn sowohl Menschenschmuggel, Drogenschmuggel, Waffenschmuggel als auch Terrorismus passieren international.

Abgeordneter Kai Jan Krainer (SPÖ)

Danke für die Nachhilfestunde!
Abgeordneter Christian Höbart (FPÖ)

Ich sage Ihnen eines: Dschihadisten fürchten sich weder vor Pferden noch vor freiheitlichen Parteibüchern.
Abgeordneter Dr. Peter Pilz (PILZ)

Herr Klubobmann Rosenkranz, für den Ausdruck »Rotzbube« erteile ich Ihnen einen Ordnungsruf.
Präsidentin Doris Bures (zum Abg. Rosenkranz)

13. Juni 2018, 28. Sitzung

Es hätte mich ja sehr gewundert, wenn ich ohne freiheitliche Zwischenrufe den Weg bis zu diesem Mikrofon geschafft hätte. Ich muss mich nicht wundern, es geht eh schon wieder los.
Abgeordneter Dr. Peter Pilz (PILZ, in Richtung FPÖ deutend)

Mit Butter am Kopf soll man nicht in der Sonne stehen!
Abgeordneter Christian Hafenecker, MA (FPÖ)

…, aber er ist wieder da: der selbst ernannte – wie wir heute gehört haben – Gralshüter der Würde des Hauses, Peter Pilz.
Abgeordneter Dr. Walter Rosenkranz (FPÖ)

Der rote Vorschlaghammer und auch der Vorschlaghammer der Liste Pilz wurden ausgepackt und es wurde so richtig fest auf die Argumente der Regierung eingedroschen.

Abgeordneter Karl Nehammer, MSc (ÖVP)

Als Nächster zu Wort gemeldet ist Herr Klubobmann Mag. Johann Gudenus. – Bitte.

Präsidentin Doris Bures

Auf geht's, mutig in den freien Fall!

Abgeordneter Dr. Johannes Jarolim (SPÖ)

14. Juni 2018, 31. Sitzung

Lieber Matthias, du hast das so mitreißend vorgebracht, dass ich fast schon Sorge habe, du glaubst das, was du hier gesagt hast, selbst.

Bundeskanzler Sebastian Kurz (zu Abg. Matthias Strolz)

4. Juli 2018, 34. Sitzung

Ich habe Kollegen Krainer schon in den Ausschüssen kennengelernt und habe feststellen müssen, er hat immer sehr, sehr viele Ideen, wie man Geld ausgibt, aber keine, wie man die Einkommensteuer senken kann.

Staatssekretär im Bundesministerium für Finanzen MMag. DDr. Hubert Fuchs

..., seien Sie mir nicht böse, aber das ist alles nichts Neues und es ist auch keine Erfindung der FPÖ, ganz im Gegenteil, fast alle diese Maßnahmen habe ich noch als Staatssekretärin verhandelt.

Abgeordnete Mag. Muna Duzdar (SPÖ)

Aber nicht zustande gebracht!

Abgeordneter Werner Herbert (FPÖ)

Schauen Sie, das Problem ist immer: Wenn Argumente nicht mehr ausreichen, dann gibt es Polemik oder Zwischenrufe.

Bundeskanzler Sebastian Kurz

Ich erteile einen Ordnungsruf für das »ang'soffen«

Präsident Mag. Wolfgang Sobotka

Wem? Wofür?

Rufe bei SPÖ und Liste Pilz

Wenn es nicht möglich ist, den Zwischenrufer ausfindig zu machen, dann muss ich den Ordnungsruf zurücknehmen – so viel zur persönlichen Festigkeit.

Präsident Mag. Wolfgang Sobotka

Die Wahrheit ist nämlich eine ganz andere. Herr Kurz, ...
Abgeordnete Dipl.-Ing. (FH) Martha Bißmann (PILZ)

Vorsitzender Kurz! Vorsitzender Kurz!
Bundeskanzler Sebastian Kurz

... Ich freue mich schon auf die nächste Diskussion, wenn wir über die Richtigkeit und die Wichtigkeit der Polizeipferde sprechen.
Abgeordneter Peter Gerstner (FPÖ)

Jetzt sind aber die Pferde mit dir durchgegangen!
Abgeordneter Dr. Peter Wittmann (SPÖ)

5. Juli 2018, 36. Sitzung

Die Taferl haben wir gesehen; sie wurden sehr schön angefertigt. Ich darf Sie bitten, diese wieder herunterzunehmen.
Präsidentin Anneliese Kitzmüller (zu Abg. Wöginger)

Das Traurige ist bei diesem Gesetz wirklich, dass es offenbar nur eine Person von den Regierungsparteien verstanden hat. Das ist die leider nicht anwesende Frau Wirtschaftsministerin Schramböck, ...
Abgeordnete Cornelia Ecker (SPÖ)

Herr Kollege, wenn Sie sich mit der Schnappatmung ein bisschen zurückhalten, dann geleite ich Sie nachher raus und bringe Sie in lebensrettende Seitenlage.
Abgeordneter Dr. Alfred J. Noll (PILZ, *zum Abg. Rosenkranz*)

In meiner ersten Rede hier im Hohen Haus – das war vor Weihnachten – habe ich zwei Werte hochgehalten, die mir von meinem Elternhaus mitgegeben worden sind und welche, glaube ich, wichtig sind, um das Land weiterzubringen: Das ist Verantwortung und Eigenverantwortung.
Abgeordnete Dr. Maria Theresia Niss, MBA (ÖVP)

Am Ende zitiere ich den deutschen Bundeskanzler Schmidt … Der hat einmal gesagt, und das passt auch immer gut: »Wissen Sie, die Linken – und dazu zähle ich auch den Kollegen Noll, bestreiten ja bekanntlich alles, mit Ausnahme ihres eigenen Unterhaltes.«
Abgeordneter Mag. Dr. Martin Graf (FPÖ)

18. Oktober 2018, 41. Sitzung

Ich bitte, die Rednerin gerade bei der ersten Rede nicht zu stören.
Präsident Mag. Wolfgang Sobotka

Heiterkeit und Beifall bei den NEOS und bei Abgeordneten der SPÖ. Zwischenrufe bei ÖVP und FPÖ.

Es ist richtig, es ist meine zweite erste Rede, die ich in diesem Haus halten darf, und ich freue mich wirklich sehr.

Abgeordnete Mag. Beate Meinl-Reisinger, MES (NEOS)

Bleiben wir beim Realismus, bleiben wir bei seriöser Politik – Opposition überlassen wir anderen.

Abgeordneter Dipl.-Ing. Gerhard Deimek (FPÖ)

Das muss ich mir aufschreiben!

Abgeordneter Dr. Alfred J. Noll (PILZ)

24. Oktober 2018, 43. Sitzung

Wenn man diese Reform mit einem Schachspiel vergleichen würde, dann, Frau Ministerin, müsste man sagen, Sie haben schon beim zweiten Zug die Dame verspielt. Das wird als die Hartinger-Klein-Eröffnung in die Schachgeschichte eingehen.

Abgeordneter Mag. Gerald Loacker (NEOS)

Herr Abgeordneter, ich bitte Sie, nehmen Sie den Ausdruck zurück!

Präsident Mag. Wolfgang Sobotka

Verzeihung, es tut mir leid, ich nehme das zurück.

Abgeordneter Josef Schellhorn (NEOS)

Nehmen Sie das mit der Löwin zurück!

Abgeordneter Dr. Alfred J. Noll (PILZ)

Ich glaube, es ist nicht angebracht,
noch einmal nachzugießen, Herr Abgeordneter Noll!
Präsident Mag. Wolfgang Sobotka

25. Oktober 2018, 45. Sitzung

Also das ist mein Highlight des heutigen Tages: Kollege
Gudenus wirft mir Primitivität vor.
Abgeordneter Dr. Peter Pilz (PILZ)

◇◇◇

Daher möchte ich mit Heinz Fischer schließen, der gesagt hat:
»Brücken sind rascher abgebrochen als wieder aufgebaut.«
Abgeordneter Dr. Reinhold Lopatka (ÖVP)

16. November 2018, 47. Sitzung

Sie können Ihre Taferl endgültig einpacken und im nächsten
Jahr damit vielleicht ein Sonnwendfeuer veranstalten, ...
Abgeordneter August Wöginger (ÖVP, in Richtung NEOS)

◇◇◇

..., Frau Bundesministerin. Ich möchte darum ersuchen, fair
zu sein und nicht Birnen mit Äpfeln oder die Wurst mit dem
Senf zu verwechseln.
Abgeordneter Rainer Wimmer (SPÖ)

Oder Eisen mit Stahl!
Abgeordneter Dipl.-Ing. Gerhard Deimek (FPÖ)

◇◇◇

Ja, wenn Sie das lustig finden, was uns die letzten hundert Jahre stark gemacht hat, dann sollte sich der Herr Bundeskanzler nicht mit großen Reden in die Staatsoper stellen, sehr geehrte Damen und Herren der ÖVP!

Abgeordnete Dr. Pamela Rendi-Wagner, MSc (SPÖ)

Vielen Dank für die Möglichkeit, heute hier bei der Aktuellen Stunde bei Ihnen sein zu dürfen, ...

Bundeskanzler Sebastian Kurz

Ruf bei der SPÖ: **Die gibt es öfter, musst nur kommen!**

In der Frage der Migration – glauben Sie mir! – werden wir am Ende nur erfolgreich sein, wenn wir zwischen der Suche nach Schutz und der Suche nach Arbeit unterscheiden.

Bundeskanzler Sebastian Kurz

Ein schönes Märchen! ...

Abgeordnete Mag. Beate Meinl-Reisinger, MES (NEOS)

Ich muss vorwegschicken: Ich gebe zu, dass vieles, was wir im Internet lesen, gerade in diversen Foren oder Ähnlichem, reine Verschwörungstheorien sind, ...

Abgeordnete Eva-Maria Himmelbauer, BSc (ÖVP)

Schade, dass Sie da mitmachen!

Abgeordnete Mag. Beate Meinl-Reisinger, MES (NEOS)

Eines zu Beginn, Frau Kollegin Reinl-Meisinger: ...
Frau Reinl-Meisinger, das ist kein Märchen, sondern ...
Frau Meinl-Reisinger?! – Entschuldigung, ...

Abgeordneter Dr. Walter Rosenkranz (FPÖ)

Er kann es halt nicht! Macht ja nichts!
Abgeordnete Mag. Beate Meinl-Reisinger, MES (NEOS)

**Diese Regierung betreibt einfach eine Politik der fremden-
feindlichen Nebelgranaten.**
Abgeordnete Petra Bayr, MA MLS (SPÖ)

**Ich kann mir nur vorstellen, dass Peter Pilz schon so eine dicke
Haut haben muss, auch bei diesem Thema** (*Anm.: Gleichbehand-
lung*)**, dass er auch ohne Rückgrat geradestehen kann, ...**
Abgeordnete Sandra Wassermann (FPÖ)

22. November 2018, 51. Sitzung

**Meine Damen und Herren, wir vertreten die Interessen der
Pensionistinnen und Pensionisten.**
Abgeordneter Dietmar Keck (SPÖ)

Schon lange nicht mehr!
Abgeordneter Dipl.-Ing. Gerhard Deimek (FPÖ)

**Herr Kollege Keck, jedes Mal, wenn Sie ans Rednerpult raus-
gehen, hat die SPÖ 1 Prozent weniger ...**
Abgeordneter Christoph Zarits (ÖVP)

Das Parlament beschließt ein Gesetz, mit dem die Wahlkampf-
kosten beschränkt werden, und die Parteien, die dieses Gesetz
beschlossen haben, nehmen es überhaupt nicht ernst.

Abgeordnete Dr. Irmgard Griss (NEOS)

Was verbindet eigentlich Christian Doppler, Paul Fürst, Josef
Madersperger, Lise Meitner und Hedy Lamarr?

Abgeordnete Mag. Johanna Jachs (ÖVP)

Ruf bei der SPÖ: **Alles Steirer!**

Egal, dem politisch Größeren kann man gern einmal gegen
das Schienbein treten!? ...

Abgeordneter Christoph Stark (ÖVP)

Frau Präsidentin, ich möchte in einem Österreich wohnen, das
demokratisch ist.

Abgeordneter Alois Stöger, diplômé (SPÖ)

11. Dezember 2018, 53. Sitzung

In den 20 österreichischen Topunternehmen finden sich 72
Vorstandsmitglieder, unter ihnen gibt es sechs Personen, die
Peter heißen, fünf Personen, die Franz heißen, fünf, die Wolfgang heißen, und fünf, die Andreas heißen, aber es gibt ledig-
lich vier Frauen.

Abgeordnete Dr. Alma Zadić, LL.M. (JETZT)

Wie heißen die?
Abgeordnete Nurten Yılmaz (SPÖ)

12. Dezember 2018, 55. Sitzung

Bis dato ist der Sport bei meinen Amtsvorgängern immer nur als Beiwagerl mitgeschleppt worden.
Bundesminister für öffentlichen Dienst und Sport
Vizekanzler Heinz-Christian Strache

Als Nächster zu Wort gelangt Herr Abgeordneter Mölzer.
Präsidentin Anneliese Kitzmüller

Eine ausgezeichnete Rede!
Abgeordneter Dr. Johannes Jarolim (SPÖ)

Sie wissen ja noch gar nicht, was ich sagen werde.
Abgeordneter Wendelin Mölzer (FPÖ), in Richtung Abg. Jarolim

Wenn die Sonne der Opposition, in diesem Fall also der SPÖ, tief steht, dann werfen selbst politische Zwerge wie die NEOS lange Schatten.
Abgeordneter Wendelin Mölzer (FPÖ)

Ich glaube nämlich, dass es, mit Verlaub gesagt, wichtigere Dinge in Bezug auf die ÖH gibt, die wir besprechen sollten, als, ob Dienstag, Mittwoch, Donnerstag oder Montag, Dienstag, Mittwoch gewählt wird.

Abgeordnete Mag. Johanna Jachs (ÖVP)

Ich habe heute noch 35 Minuten Restredezeit, und es ist einfach schön, heute einmal stressbefreit hier antreten zu dürfen.

Abgeordneter Rainer Wimmer (SPÖ)

13. Dezember 2018, 57. Sitzung

Ganz zu schweigen davon sind Sie, sehr geehrte FPÖ, wieder einmal im Liegen umgefallen ...

Abgeordnete Dr. Pamela Rendi-Wagner, MSc (SPÖ)

Gegen Herrn Abgeordneten Wöginger ist Pinocchio ein Waisenknabe.

Abgeordneter Alois Stöger, diplômé (SPÖ)

Blickt man in der Geschichte zurück und nimmt man ein Protokoll vom 6. Februar 1919 zur Hand – das war vor fast hundert Jahren, dann sieht man, dass es damals fast die gleichen Diskussionen gegeben hat.

Bundesministerin für Arbeit, Soziales, Gesundheit und Konsumentenschutz
Mag. Beate Hartinger-Klein

Herr Abgeordneter! Ich bitte Sie, das Wort »Lüge« zurückzunehmen.
Präsident Mag. Wolfgang Sobotka

Warten wir bis zum Schluss, vielleicht kommt es ja noch einmal vor, dann können wir zusammenzählen, Herr Präsident!
Abgeordneter Josef Muchitsch (SPÖ)

Ich habe ...
Abgeordneter Alois Stöger, diplômé (SPÖ)

Ruf bei der ÖVP: **Nichts zusammengebracht!**

30. Jänner 2019, 60. Sitzung

Abschließend noch zum Abgeordneten Schellhorn: Sie fordern eine Ausgabenbremse. Der Finanzminister und ich sind die Ausgabenbremse!
Staatssekretär im Bundesministerium für Finanzen MMag. DDr. Hubert Fuchs

Meine Damen und Herren vor den Bildschirmen und hier auf der Galerie! Hat die Opposition schon jemals das Regierungsprogramm in Zweifel gezogen?
Abgeordneter Mag. Wolfgang Gerstl (ÖVP)

Sie, Herr Klubobmann Rosenkranz, stellen hier dieses Schild mit dem zweiten Satz des Artikels 1 der Bundesverfassung auf: »Ihr Recht geht vom Volk aus.« Ja, kein Mensch bezweifelt das, nur: Herr Kickl ist nicht das Volk.

Abgeordnete Dr. Irmgard Griss (NEOS)

Anstatt dass Sie endlich mit sachlichen Argumenten und inhaltlicher Arbeit die wichtige Oppositionsrolle in diesem Land wahrnehmen, erleben wir eine noch nie dagewesene moralische Bankrotterklärung vonseiten der vereinigten Linken, ...

Abgeordnete Petra Steger (FPÖ)

27. Februar 2019, 63. Sitzung

Wenn wir um 23.55 Uhr, glaube ich, diesen Abänderungsantrag zugeschickt bekommen – und ja, er mag nur vier Seiten haben, Herr Kollege Rosenkranz ...

Abgeordneter Dr. Nikolaus Scherak, MA (NEOS)

Drei Seiten!

Abgeordneter Dr. Walter Rosenkranz (FPÖ)

... in den vier Seiten sind auch schon vier Rechtschreibfehler drinnen, ...

Abgeordneter Dr. Nikolaus Scherak, MA (NEOS)

Ich kann jetzt nur eines sagen, lieber Beppo Muchitsch, ich zitiere aus Jesaja, Kapitel 41, Vers 24 – es passt zur Arbeiterkammerwahl: »Siehe, ihr seid nichts und euer Tun ist auch nichts, und euch erwählen ist ein Gräuel.«

Abgeordneter Dr. Walter Rosenkranz (FPÖ)

Wenn man die Regierungsparteien, nämlich Türkis und Blau, in einen Farbtopf reinhaut und vermischt, können Sie sich ausmalen, was da herauskommt ...

Abgeordneter Wolfgang Knes (SPÖ)

Es war ein sozialistischer Bundeskanzler, der die Grenzen geöffnet hat. Es war der spätere sozialistische Kanzler, der sich als ÖBB-Chef als Oberschlepper der Nation hier verdient gemacht hat.

Abgeordneter Mag. Roman Haider (FPÖ)

Herr Abgeordneter Haider, ich würde Sie ersuchen, das Wort »Oberschlepper« zurückzunehmen, ...

Präsidentin Doris Bures

Ich habe es zwar hier schon zwei- oder dreimal gesagt, aber wenn es Ihnen nicht recht ist, dann nenne ich ihn Reiseleiter.

Abgeordneter Mag. Roman Haider (FPÖ)

…, wenn einer in Vorarlberg ist, lernt er nicht so Hochdeutsch, dass es für eine Prüfung reicht, aber für die Baustelle reicht es allemal. Und gell, Hermann, in Tirol is des a so!

Abgeordneter Mag. Gerald Loacker (NEOS, in Richtung Abg. Gahr)

Nach Meinung von ÖVP und FPÖ gibt es nur zwei wirklich Arme, deren Not man lindern muss: die arme ÖVP und die arme FPÖ.

Abgeordneter Dr. Peter Pilz (JETZT)

Wenn ich im Lexikon nachschauen würde, was da unter schmerzbefreit steht, fände ich plötzlich das Foto des Kollegen Pilz.

Abgeordneter Karl Nehammer, MSc (ÖVP)

Worum geht es eigentlich bei diesem Nichtrauchervolksbegehren? Erstens einmal ist es, aus meiner subjektiven Sicht, ein Schießen mit Kanonen auf Spatzen.

Abgeordneter Josef A. Riemer (FPÖ)

Herr Abgeordneter Zanger, ich bitte Sie, den vergleichenden Ausdruck zu Betriebsräten und Gewerkschaftern, den Sie gewählt haben, zurückzunehmen … »was das für Beidl sind«?

Präsident Mag. Wolfgang Sobotka

Ich wollte sagen: Trinken wir lieber ein Seidel!
Abgeordneter Wolfgang Zanger (FPÖ, Ausdruck zurückgenommen)

Wir fragen uns ja schon wochenlang: Erstens, wer schafft an in der SPÖ, und zweitens, wie hätten Sie es denn gerne?
Abgeordneter August Wöginger (ÖVP)

Na, habts ihr Sorgen!
Abgeordnete Gabriele Heinisch-Hosek (SPÖ)

24. April 2019, 70. Sitzung

Wenn ich mit meinem Auto über den Gürtel fahre, dann steht hinten auch nicht »Robert Lugar« auf meinem Auto …
Abgeordneter Ing. Robert Lugar (FPÖ)

Wäre aber eine Idee!
Abgeordneter Mag. Andreas Schieder (SPÖ)

Wenn Sie, Herr Minister, sich hier als Sheriff gerieren, kann ich nur sagen: Ich wollte immer Indianer sein, …
Abgeordneter Dr. Alfred J. Noll (JETZT)
(In Richtung Bundesminister Mag. Gernot Blümel, MBA)

Ich habe mir diesen Antrag im Nachhinein angeschaut, und ich habe, Kollege Schellhorn, deine Strategie durchschaut: Wahrscheinlich wurde dieser Antrag angenommen, weil du dem Antrag auch Fotos von Strache und von Bundeskanzler Kurz angefügt hast.

Abgeordnete Sabine Schatz (SPÖ)

Diese Personen *(Anm.: GerichtsdolmetscherInnen)* verdienen, wenn sie schriftlich eine ganze Seite übersetzen, 15 Euro. Also da kriegen in Österreich sogar Dogwalker mehr pro Stunde, wenn sie mit drei Hunden eine Stunde spazieren gehen.

Abgeordnete Nurten Yılmaz (SPÖ)

25. April 2019, 72. Sitzung

Den Antrag der SPÖ lehnen wir naturgemäß ab, ...

Abgeordneter Werner Neubauer, BA (FPÖ)

Kollege Schellhorn, ich habe ja fast schon aufpassen müssen, dass ich auf dieser Anbiederungsspur Richtung ÖVP nicht ausrutschte.

Abgeordnete Melanie Erasim, MSc (SPÖ)

Jetzt schreiben wir das Jahr 2019, und es gibt immer noch Menschen, die ihn verehren und ihm eine Büste setzen, nämlich das Rote Wien. Che Guevara, der Commentatore, ...

Abgeordnete Gabriela Schwarz (ÖVP)

Comandante!
Abgeordneter Kai Jan Krainer (SPÖ)

Frau Abgeordnete, ich würde Sie bitten, den Ausdruck scheinheilig zurückzunehmen und dann in Ihrer Rede fortzufahren.
Präsidentin Doris Bures

Gut, dann nehme ich den Begriff scheinheilig zurück und sage heuchlerisch.
Abgeordnete Mag. Muna Duzdar (SPÖ)

Ich gestehe sehr offen, dass ich Sie nach 13,5 Stunden und als achter Redner zum Patentanwaltsgesetz wahrscheinlich emotional nicht mehr berühren werde, … aber ich werde mein Bestes geben, liebe Kollegen! Bitte, wir machen die Welle.
Abgeordneter Christoph Stark (ÖVP)

15. Mai 2019, 74. Sitzung

Es gilt, die Fenster aufzureißen und den Dialog zu führen, aber nicht – wie vielleicht der eine oder andere Freund der Hausbesetzer – die Fenster herauszureißen.
Abgeordneter Johannes Schmuckenschlager (ÖVP)

Fast hätte man den Eindruck, eine politische Kasperliade würde hier veranstaltet werden ...

... Reden wir darüber, dass Brigitte Ederer am Gut Aiderbichl der Wiener SPÖ gelandet ist, nämlich bei Siemens, ...

Mitglied des Europäischen Parlaments Harald Vilimsky (FPÖ)

Was nun unseren Bundeskanzler betrifft:
»Der Europäer«, »Kurz ist Europa-Experte«.

Abgeordneter Dr. Reinhold Lopatka (ÖVP)

Das war jetzt ein guter Scherz!

Abgeordneter Mag. Jörg Leichtfried (SPÖ)

Nein, das war kein Scherz, das war das »Handelsblatt«, ...

Abgeordneter Dr. Reinhold Lopatka (ÖVP)

Entschuldigung, ich muss kurz unterbrechen. Zustimmung und Missfallenskundgebungen von der Galerie sind untersagt, das darf bitte nicht stattfinden.

Präsident Mag. Wolfgang Sobotka

Das sind sie halt von mir daheim gewöhnt, Herr Präsident, aber es ist schon in Ordnung.

Abgeordneter August Wöginger (ÖVP)

Ich bin in die Politik gegangen, weil ich meinen Beitrag dazu leisten möchte und auch weiterhin leisten werde, jenen beizustehen, ... die Unterstützung brauchen und wo man gegen Ungerechtigkeit ankämpfen muss. Wieso lacht ihr von der SPÖ da?

Abgeordneter Efgani Dönmez, PMM (ohne Klubzugehörigkeit)

16. Mai 2019, 76. Sitzung

Wir befinden uns hier absolut im Blindflug, wenn es um die Finanzierung von Parteien und vor allem auch um nahestehende Organisationen geht.

Abgeordnete Mag. Beate Meinl-Reisinger, MES (NEOS)

Du, ehrlich gesagt, die Rolex-Dichte im FPÖ-Klub ist höher als irgendwo sonst, ...

Abgeordneter Mag. Thomas Drozda (SPÖ)

Die Menschen hier in Österreich haben ein Recht, zu wissen, ... weshalb die Außenministerin der Republik vor Wladimir Putin auf die Knie geht, ...

Abgeordneter Mag. Thomas Drozda (SPÖ)

Wissen Sie, Herr Kollege Drozda, wenn Sie hier vorne gscheit-meiern und alle möglichen Unterstellungen machen, rufe ich Ihnen schon in Erinnerung, dass es Herr Gusenbauer war, der den Moskauer Boden geküsst hat, ...

Abgeordneter Christian Hafenecker, MA (FPÖ)

Ich habe, glaube ich, hier im Parlament selten derartige Reden und derartige Raubersgschichten erlebt wie heute.

Abgeordneter Philip Kucher (SPÖ)

Ibiza Affäre

27. Mai 2019, 78. Sitzung

Vor wenigen Tagen war noch das Ziel, mich als Bundeskanzler abzuwählen, als Taktik vielleicht durchaus verständlich. Jetzt aber auch noch wenige Monate vor einer Wahl die ganze Regierung stürzen zu wollen, ist etwas, das, glaube ich, niemand in diesem Land nachvollziehen kann.

Bundeskanzler Sebastian Kurz

Was heißt Verantwortung? … Es bedeutet auch, einen Weg einzuhalten, der von Respekt, der von Kooperation und Dialogbereitschaft getragen ist.

Abgeordnete Dr. Pamela Rendi-Wagner, MSc (SPÖ)

Sie haben gedacht, dieses Spiel wird aufgehen und wir lassen uns mit irgendetwas abspeisen, damit Sie weitermachen können und dieses Problem erledigt haben. – Da haben Sie uns unterschätzt.

Abgeordneter Herbert Kickl (FPÖ, in Richtung Bundeskanzler)

Wenn wir eine Lehre daraus ziehen, dann die, dass diese Krise eine Chance ist, jetzt endlich ein für alle Mal mit diesem Sumpf aufzuräumen.

Abgeordnete Mag. Beate Meinl-Reisinger, MES (NEOS)

Ich bin allerdings auch etwas überrascht, Herr Kollege Kickl, dass die Bewertung der Person Sebastian Kurz vom Messias zum Leibhaftigen in so wenigen Sekunden vonstattengehen kann.

Abgeordnete Mag. Beate Meinl-Reisinger, MES (NEOS)

Da ich einer der wenigen wirklich Konservativen hier im Haus bin, muss ich Ihnen sagen: Ein Bundeskanzler der Republik Österreich, dessen Unterschrift sich binnen zwei Jahren zweimal als völlig wertlos erweist, ist vertrauensunwürdig!

Abgeordneter Dr. Alfred J. Noll (JETZT)

Bis hinein in die abstrusen Gedankenspiele Ihres vormals höchsten Funktionärs zeigt sich im Ibizavideo eine antidemokratische, realitätsuntüchtige und auch regierungsuntaugliche Gesinnung.

Abgeordneter Dr. Alfred J. Noll (JETZT)

Herr Bundeskanzler, Sie werden Folgendes zur Kenntnis nehmen müssen: Demokratie statt Egomanie! – Das ist das, was wir verlangen, und das ist das, was letztlich auch zählen wird.
Abgeordneter Dr. Johannes Jarolim (SPÖ)

Vor allem aber, werte Österreicherinnen und Österreicher! Sie sind es, an die ich mich wende, denn Sie erwarten sich von uns zu Recht, dass wir für dieses Land und für Österreich arbeiten, für Sie arbeiten.
Abgeordnete Gabriela Schwarz (ÖVP)

Eine sehr beliebte und sehr erfolgreiche Koalition ist zu Ende gegangen. Ich glaube und ich behaupte: zu rasch, und ich behaupte auch: zu leichtfertig.
Abgeordneter Ing. Norbert Hofer (FPÖ)

Ganz zu guter Letzt möchte ich noch folgende Frage aufwerfen: Welche Rolle haben Sebastian Kurz und die ÖVP im Zusammenhang mit dem Ibiza-Video gespielt, …
Abgeordnete Daniela Holzinger-Vogtenhuber, BA (JETZT)

Um Gottes willen! Versündig dich nicht!
Abgeordneter August Wöginger (ÖVP)

Ich habe in der Politik lernen müssen, dass es eine Zeit des Zwistes, des gegenseitigen Beinstellens gibt, der Trickserei – das gehört dazu, ist zwar nicht meines, aber wohl Teil der Politik.

Abgeordneter Mag. Martin Engelberg (ÖVP)

Der Herr Bundeskanzler wollte sich ein Wahlkampfkabinett aufbauen, das lehnen wir ab. Das Vertrauen ist nicht gegeben, und wenn man einander nicht mehr vertraut, dann muss man sich trennen.

Abgeordnete Gabriele Heinisch-Hosek (SPÖ)

Die Erosion der Demokratie geschieht so unmerklich, dass sie viele nicht wahrnehmen.

Abgeordneter Efgani Dönmez, PMM (ohne Klubzugehörigkeit)

**Ich glaube, wir müssen das Haus hier grundlegend säubern
und reinigen, und dazu braucht man nicht nur einen Besen.**

Abgeordneter Josef Schellhorn (NEOS)

◇ ◇ ◇

In den letzten Tagen mussten wir den Versuch einer kalten Machtübernahme beobachten, ...

Abgeordnete Mag. Andrea Kuntzl (SPÖ)

Jessas Maria!

Abgeordneter August Wöginger (ÖVP

Wir waren über all das, was in den letzten Tagen gekommen und passiert ist, überrascht, aber das, was wirklich jetzt auch hier im Plenum überraschend ist, ist eine neue Rendi-Wagner-Kickl-Koalition in Verschwörungstheorien und Anschuldigungen.

Abgeordneter Karl Nehammer, MSc (ÖVP)

REGIERUNG BIERLEIN

12. Juni 2019, 80. Sitzung

Wir alle, sehr geehrte Damen und Herren, haben unterschiedliche politische Einstellungen, wir sind von unterschiedlicher ethnischer Herkunft, wir haben verschiedene religiöse Überzeugungen, Geschlechter oder sexuelle Orientierungen. Ja, wir sind verschieden. Für mich als Frau, als langjährige Juristin und Richterin gilt es, bei all dieser Unterschiedlichkeit ein verbindendes Element zu beachten, nämlich die Menschlichkeit.

Bundeskanzlerin Dr. Brigitte Bierlein

Lassen Sie mich, Herr Präsident, meine sehr geehrten Damen und Herren, zum Abschluss sagen, dass ich dieses Amt pflichtgemäß mit großer Ehrfurcht, aber auch mit einer gewissen Heiterkeit übernommen habe.

Bundesminister für Verfassung, Reformen, Deregulierung und Justiz
Vizekanzler Dr. Dr. h.c. Clemens Jabloner

Was wir aber nicht wollen, meine Damen und Herren, ist eine Art Casinoparlamentarismus, wie wir ihn 2008 und 2017 zum Teil schon erlebt haben.

Abgeordneter August Wöginger (ÖVP)

Die Inszenierung, die Show, das Schauspiel, taktische Über-
legungen – das alles steht bei uns, glaube ich, zu stark im Vor-
dergrund.

Abgeordneter Ing. Norbert Hofer (FPÖ)

Es ist ein Bild, das wir alle als Politikerinnen und Politiker ab-
geben, und wenn uns das Ibiza-Video eines gezeigt hat, dann,
dass wir nicht nur sagen: So sind wir Österreicher nicht!, sondern auch: So sind wir Politikerinnen und Politiker nicht!

Abgeordnete Mag. Beate Meinl-Reisinger, MES (NEOS)

Politik ist aber natürlich auch dazu da, die unterschiedlichen
Meinungen und Standpunkte auszudrücken. Auch das Parlament ist dafür da, und deshalb werden wir alle auch nicht
immer so ganz nett zueinander sein, sondern werden unsere
Standpunkte mit der notwendigen Verve vertreten.

Abgeordneter Peter Haubner (ÖVP)

Ich sage aber auch ganz offen, dass es nach zwei Jahren sehr
wohltuend ist, zu sehen, dass hier auf der Regierungsbank
einmal niemand mit dem Handy spielt.

Abgeordneter Rainer Wimmer (SPÖ)

Wie gesagt: Das Richtige zur falschen Zeit ist ebenso das Falsche.

Abgeordneter Mag. Philipp Schrangl (FPÖ)

Ich glaube, dass ein Tag wie dieser, der einer Regierungserklärung in einer sehr turbulenten Zeit gewidmet ist, nicht dazu da ist, dass man sich gegenseitig ausrichtet, ...

Abgeordnete Mag. Beate Meinl-Reisinger, MES (NEOS)

Es ist doch das Schönste für Abgeordnete, frei für Ideen werben zu können, frei Kompromisse schließen zu können, freie Mehrheiten zu suchen. Das ist doch das Wesen des Parlamentarismus!

Abgeordneter Mag. Jörg Leichtfried (SPÖ)

Viele ÖsterreicherInnen fragen sich, wer eigentlich dafür verantwortlich ist, dass diese Regierung nicht mehr arbeiten konnte.

Abgeordneter Karl Mahrer, BA (ÖVP)

Ruf bei der SPÖ: **Kurz!**

Es entspricht eben nicht unserer Wertevorstellung, eine russische Übernahme der »Kronen Zeitung« vorzuschlagen und illegale Parteienfinanzierung aus Russland zu akquirieren.

Abgeordnete Dr. Angelika Winzig (ÖVP)

Auch der Ex-Bundeskanzler ist in dieses Parlament gewählt ...
... Er verabscheut dieses Parlament so sehr! Das hat er uns dadurch merken lassen, dass er nie gekommen ist. Er ist in 17 Monaten nie gekommen!

Abgeordneter Dr. Peter Wittmann (SPÖ)

Ah so ein Blödsinn!

Abgeordneter August Wöginger (ÖVP)

2. Juli 2019, 84. Sitzung

Die einzige Parallele, die ich bei euch zu Asterix und Obelix sehe, ist, dass euer Obmann ziemlich ordentlich in den Zaubertrank hineingeplumpst ist und dann in einem spannenden Zustand vor Kurzem das ganze gallische Dorf verkaufen wollte.

Abgeordneter Philip Kucher (SPÖ, in Richtung FPÖ)

..., und wie man im Jahr 2019 so schön sagt: Zack, zack, zack, und vorbei ist die Sitzung!

Abgeordnete Eva Maria Holzleitner, BSc (SPÖ)

Für mich als Budget- und Finanzpolitiker zählen weniger Worte, zählen weniger Ideologien, wie sie manchmal vor allem von der ÖVP verbreitet werden, ...

Abgeordneter Kai Jan Krainer (SPÖ)

Bei dir nicht! Wirst ja nicht mal rot dabei!

Abgeordneter Mag. Andreas Hanger (ÖVP)

Kollege Wöginger hat völlig recht, Beppo Muchitsch ist ja da wirklich ein Gschichtldrucker, ...

Abgeordneter Hannes Amesbauer, BA (FPÖ)

Wenn Sie heute hier ein Gesetz beschließen, das keinerlei Wirkung hat, Prosa ist, dann streuen Sie den Menschen Sand in die Augen. Sie halten alle für komplett blöd, und das ist auch etwas, das Nationalratsabgeordnete nicht tun sollten!

Abgeordnete Mag. Beate Meinl-Reisinger, MES (NEOS)

Was schon offenbar wird, ist die Heißluftpolitik der Kurz-Regierung.

Abgeordneter Mag. Gerald Loacker (NEOS)

3. Juli 2019, 86. Sitzung

Rudolf Edlinger hat gesagt: Eher lasse ich meinen Hund auf die Knackwurst aufpassen als die ÖVP aufs Budget ...

Abgeordnete Dr. Irmgard Griss (NEOS)

Ich habe mir die Rechenschaftsberichte der SPÖ der Jahre 2013, 2014, 2015 und 2016 angeschaut.

Abgeordneter Mag. Wolfgang Gerstl (ÖVP)

Hast du kein Privatleben?

Abgeordneter Mag. Jörg Leichtfried (SPÖ)

Es war ganz lustig, dass Frau Griss das Beispiel mit dem Hund und der Knackwurst gebracht hat, weil Frau Griss in ihrem Wahlkampf mit 50.000 Euro von einem Wurstfabrikanten unterstützt worden ist.

Abgeordneter Ing. Norbert Hofer (FPÖ)

Also das Schlimmste, das ich in diesem Parlament jemals gehört habe, ist, dass man dem Parlament verbieten will, Gesetze zu machen.

Abgeordneter Dr. Peter Wittmann (SPÖ)

Wollen Sie in einer unsanierten Wohnung wohnen, dann wählen Sie die SPÖ!

Abgeordneter Mag. Philipp Schrangl (FPÖ)

Was eint aber jetzt diese neue Allianz von SPÖ und FPÖ? ... Es gibt einen sehr destruktiven, zerstörerischen strategischen Grundsatz, und der lautet: Der Feind meines Feindes ist mein Freund.

Abgeordneter Karl Nehammer, MSc (ÖVP)

Österreich geht den Weg der üppigsten Parteienförderung aus Steuergeld und sagt: Das ist gut so, die Steuerzahlerinnen und die Steuerzahler, die sackeln wir aus!

Abgeordnete Mag. Beate Meinl-Reisinger, MES (NEOS)

◇ ◇ ◇

Wir haben schon viel gehört und auch aus meiner Sicht ist die Novelle des Transparenzdatenbankgesetzes, um es ganz klar und deutlich zu sagen, ein Schuss ins Knie.

Abgeordnete Doris Margreiter (SPÖ)

Stellen Sie sich vor Ihre Tochter hin und beschreiben, wie eine Klitoris von innen aussieht, ...

Abgeordnete Stephanie Cox, BA (JETZT)

Ist das Biologieunterricht?

Abgeordneter Wendelin Mölzer (FPÖ)

Ist das wirklich die neue Volkspartei, dass man wirklich retro in der Vergangenheit ist und Zukunft draufschreibt?

Abgeordneter Philip Kucher (SPÖ)

19. September 2019, 88. Sitzung

Ich sage Ihnen aber eines: Wir als Freiheitliche würden diese Zweckehe mit Ihnen im Interesse Österreichs eingehen. Uns geht es nämlich nur um Österreich, uns ist die ÖVP wurscht, ...

Abgeordneter Ing. Robert Lugar (FPÖ)

Da stelle ich eine Frage: Bitte, wie schafft man es, wenn einem buchstäblich die Millionen hinterhergeschoben werden, dass man trotzdem 20 Millionen Schulden hat?

Abgeordneter Mag. Jörg Leichtfried (SPÖ, in Richtung ÖVP)

Nach all dem, was ich in den letzten Monaten seit Ibiza erlebt habe, sage ich Ihnen: Wenn Lügen kurze Beine haben, ist Sebastian Kurz beinfrei.

Abgeordneter Dr. Peter Pilz (JETZT)

Es war einmal ein Afghane und einmal ein Syrer. Beide haben unisono gesagt, wenn sie gewusst hätten, dass sie in Österreich ihre Frau nicht umbringen dürfen, dann hätten sie es woanders gemacht.

Abgeordnete Carmen Schimanek (FPÖ)

(Bezug auf Beispiele aus dem Innsbrucker Landesgericht)

25. September 2019, 89. Sitzung

Lachen tut gut in diesem Haus, ich würde mir das öfters wünschen. Was ich mir in diesem Haus auch öfters wünschen würde – ich finde, die Caritas sagt das so schön –: Tun ist größer als reden!

Abgeordnete Stephanie Cox, BA (JETZT)

Da treffen sich vier Innenminister auf Malta, und dann fällt denen nichts Absurderes ein als eine Lösung, die nur den Illegalen hilft, die nur den Schleppern und der Schleppermafia hilft ..., da können wir die jungen Herren aus Afrika und Afghanistan auch gleich mit dem Ferienflieger nach Österreich holen. – Gute Nacht, Europa! ...

Mitglied des Europäischen Parlaments Mag. Roman Haider (FPÖ)

Die ÖVP überlässt bei der Regierungsbildung grob fahrlässig der FPÖ das Innenressort, und Kickl und Goldgruber beginnen gleich von Anfang an, es sich zu richten.

Abgeordneter Ing. Reinhold Einwallner (SPÖ)

Von dieser Stelle wird für Leute geredet, die selten zuhören, und hier hören Leute zu, zu denen nicht gesprochen wird. Vieles in diesem Haus ist defizitär.

Abgeordneter Dr. Alfred J. Noll (JETZT)

Lieber Josef! Auch ich möchte dir meinen Dank aussprechen! Du warst einer der wenigen, mit dem man immer auf Augenhöhe sprechen konnte. Wir haben nie gestritten, was mit mir eigentlich sowieso fast unmöglich ist. Es waren Seppen-Treffen auf Seppen-Ebene.

Abgeordneter Josef Schellhorn (NEOS zu Abg. Josef Lettenbichler)

23. Oktober 2019, 1. Sitzung

Insofern denke ich, dass wir alle zusammenhelfen sollten, diese neue Legislaturperiode vielleicht auch als neue Chance zu sehen – als Chance für einen Neuanfang im Umgang miteinander.

Abgeordneter Sebastian Kurz (ÖVP)

Ja, andere Meinungen gelten lassen, respektieren, das ist das Wesen der Demokratie, und, wenn Sie so wollen, die Herzkammer der Demokratie ist dieses Hohe Haus, ist das Parlament.

Abgeordnete Dr. Pamela Rendi-Wagner, MSc (SPÖ)

Ich glaube aber – wenn schon ein neuer Stil und auch die Rolle der Volksvertretung beschworen wurden –, dass es wichtig ist, gerade jetzt und heute hier einmal mehr zu sagen, dass es unsere Aufgabe ist, für Österreich – für die Österreicherinnen und Österreicher – zu arbeiten.

Abgeordnete Mag. Beate Meinl-Reisinger, MES (NEOS)

Parlamentarismus bedeutet auch das harte Ringen zwischen Oppositions- und Regierungsinteressen.
Abgeordneter Herbert Kickl (FPÖ)

◇ ◇ ◇

Was lernen Schülerinnen und Schüler von uns? ... Es gibt nicht nur die Zuspät-Kommer, die Schwätzer, die Schwänzer, die Handyspieler, es gibt insbesondere die klar abgesteckten Klassengangs, die unerbittlich gegeneinander kämpfen.

Abgeordnete Dr. Stephanie Krisper (NEOS)

Was habe ich gemacht, um mich auf heute vorzubereiten? – Ich habe Hannah Arendt gelesen. Herr Präsident, ich zitiere ...: »Lügen scheint zum Handwerk nicht nur des Demagogen, sondern auch des Politikers und sogar des Staatsmannes zu gehören.«

Abgeordneter Dr. Helmut Brandstätter (NEOS)

13. November 2019, 3. Sitzung

Da bastelt der Obmann der ÖVP eine Koalition mit einer Gruppe von Zuwanderungsfanatikern, mit Leuten, die ja schon Brechreiz haben, wenn sie das Wort Grenze nur in den Mund nehmen müssen.

Abgeordneter Herbert Kickl (FPÖ)

Ich kann mich gut daran erinnern ..., dass wir alle in der Elefantenrunde gestanden sind und zum wiederholten Mal die Frage gestellt wurde: Sind Sie dafür, dass der Rechnungshof die Parteifinanzen kontrollieren soll? – Fast alle haben das Taferl mit Ja in die Höhe gehalten.

Abgeordnete Mag. Beate Meinl-Reisinger, MES (NEOS)

Was die Casinos Austria AG betrifft, darf ich einwenden: Ja, wir haben einen Sidlo. Der ist eine Schachfigur, vielleicht ein Lehrling.

Abgeordneter Josef Schellhorn (NEOS)

Der Werner hat immer eines gesagt, nämlich, und das gefällt mir: Von der Oppositionsbank auf die Regierungsbank auf die Anklagebank, das ist der Kreislauf der FPÖ ...

Abgeordneter David Stögmüller (Grüne)

Von dieser Ibizaregierung sind zwei Bilder für die Menschen gemalt worden. Das eine ist, dass man vielleicht durch Spenden Politik beeinflussen kann, und das zweite ist, dass es unter Umständen Posten gegen Gesetze gibt.

Abgeordneter Mag. Jörg Leichtfried (SPÖ)

Es kann natürlich sein, dass die Frau Kommissionspräsidentin dann, wenn sie als Schwarze oft genug in die Zentrale der Europäischen Union fährt, als Grüne zurückkommt – ein Innviertler Schicksal.

Abgeordneter Mag. Werner Kogler (Grüne)

Was macht eigentlich Eva Glawischnig den ganzen Tag?

Abgeordnete Mag. Beate Meinl-Reisinger, MES (NEOS

Herr Kollege Schrangl – jetzt spielt die Musik hier vorne!

Abgeordnete Mag. Nina Tomaselli (Grüne)

Wenn dem so ist, dann muss ich Ihnen leider sagen, Ihre Steuerreform bekommt von uns das Prädikat ideenlos, ...

Abgeordnete Mag. Nina Tomaselli (Grüne)

Geschätzte Kollegin Tomaselli, ich möchte kurz auf Ihre Ausführungen replizieren. Ich gebe ja zu, Sie haben da oder dort immer wieder einen Punkt gemacht, aber lassen Sie sich von einem alten Klassensprecher an dieser Stelle eines sagen: Kein Mensch mag Besserwisser.

Abgeordneter Maximilian Lercher (SPÖ)

Das ist einer der seltenen Fälle, dass ich nach einem ÖVP-Abgeordneten rede und ihm eigentlich fast vollinhaltlich beipflichten kann.

Abgeordneter Mag. Thomas Drozda (SPÖ)

Es gibt eine Justiz in diesem Land, die undicht ist wie ein Nudelsieb.

Abgeordneter Christian Hafenecker, MA (FPÖ)

11. Dezember 2019, 7. Sitzung

Kollege Matznetter, du hast es ja nötig, dass du dich da zu Wort meldest! Denk zurück und kehr vor deiner Tür!

Abgeordneter August Wöginger (ÖVP)

Vor zwei Jahren hat an diesem Pult jemand gesagt: Nehmt euch in Acht … ihr werdet mit dem türkisenen Bräutigam oder mit der türkisen Braut wahrscheinlich zusammenkommen, aber ihr werdet mit der schwarzen Witwe aufwachen.

Abgeordneter Mag. Jörg Leichtfried (SPÖ)

Es wurde hier die persönliche Einladung zum Villacher Fasching verteilt … Möglicherweise hat Kollege Leichtfried geglaubt, er muss hier schon eine Trainingsübung machen, …

Abgeordneter Mag. Werner Kogler (Grüne)

◇◇◇

Da wird eine Wuchtel nach der anderen geschoben, da klatschen die Claqueure, die Fangruppen, möchte ich gerade sagen, der jeweiligen Rednerinnen und Redner, und ich frage mich: Wo sind die Fangruppen des Parlamentarismus? – Bei den Grünen jedenfalls nicht mehr!

Abgeordnete Mag. Beate Meinl-Reisinger, MES (NEOS)

Regierung Kurz II

10. Jänner 2020, 8. Sitzung

Ich hoffe, dass es gelingt, die Diskussionskultur, die nach der Wahl und auch während der Sondierungsphase geherrscht hat, ein Stück weit zu bewahren und ein respektvolles Miteinander insbesondere hier im Hohen Haus – zwischen Opposition und Regierung – zu finden.

Bundeskanzler Sebastian Kurz

… ein schwarzes Regierungsprogramm mit türkiser Tarnfarbe – oder grüner Tarnfarbe, Pardon, ein schwarzes Regierungsprogramm mit grüner Tarnfarbe.

Abgeordnete Dr. Pamela Rendi-Wagner, MSc (SPÖ)

Nicht jede sachliche Kritik der Opposition ist Majestätsbeleidigung.

Abgeordnete Mag. Beate Meinl-Reisinger, MES (NEOS)

Also, geschätzter Herr Vorredner Stöger, wenn Sie von Greenwashing reden, dann darf ich Ihnen als Gelegenheitshausmann schon sagen: Probleme in der Wäsche machen meistens die alten roten Socken.

Abgeordneter Johannes Schmuckenschlager (ÖVP)

Ich war in Ibiza aber nicht dabei. Dafür gibt es schließlich auch Videobeweise.

Abgeordnete Pia Philippa Strache (ohne Klubzugehörigkeit)

22. Jänner 2020, 10. Sitzung

Es gibt aber ein anderes Zitat von Voltaire. Das habe ich Ihnen mitgebracht und das passt zu Ihren Liederbüchern: »Alles, was zu dumm ist, um gesprochen zu werden, wird gesungen.« – Deswegen haben Sie Ihre Liederbücher.

Abgeordneter Dr. Helmut Brandstätter (NEOS, in Richtung FPÖ weisend)

Transparenz ist in der DNA unserer Partei.

Abgeordnete Sigrid Maurer, BA (Grüne)

◇◇◇

Wo ist eigentlich Sebastian Kurz? Wo ist der Bundeskanzler?

Abgeordneter Mag. Hannes Amesbaucr, BA (FPÖ)

Der regiert!

Abgeordneter August Wöginger (ÖVP)

◇◇◇

Sie nehmen zumindest irgendeine Haltung ein, während die Bundesregierung ..., bereits nach 14 Arbeitstagen den Leerlauf einlegt.

Abgeordneter Michael Schnedlitz (FPÖ, in Richtung SPÖ)

Wir haben jetzt einen Ibiza-Untersuchungsausschuss ohne Ibiza. Das ist so, wie wenn Sie einen Ibizaurlaub buchen und im Café Ibiza in der Eckertstraße in Graz landen.

Abgeordnete Nurten Yılmaz (SPÖ)

Ich glaube, es ist das erste Regierungsprogramm seit Jahren, vielleicht sogar seit Jahrzehnten, in dem direkte Demokratie nicht einmal vorkommt.

Abgeordneter Dr. Nikolaus Scherak, MA (NEOS)

27. Februar 2020, 12. Sitzung

Herr Präsident, wir haben nicht nur jemanden, der heute den Fünfziger feiert, hier, sondern auch ein weiteres Geburtstagskind: Cornelia Ecker. – Herzliche Gratulation!

Abgeordneter Alois Stöger, diplômé (SPÖ)

Es war mir nicht bekannt, dass wir noch einen zweiten Zahler haben. Sehr gut.

Präsident Mag. Wolfgang Sobotka

Es gibt eine Bundeskammer, neun Landeskammern, 70 Spartenorganisationen und 857 Fachorganisationen. Da braucht es natürlich, Kollege Matznetter, auch 41 Vizepräsidenten. – Das sind Buffetpräsidenten, nichts anderes, …

Abgeordneter Josef Schellhorn (NEOS)
Bezug zur Wirtschaftskammer

Die Tagesordnung ist …
Präsident Mag. Wolfgang Sobotka

Nein, die Debatte!
Abgeordneter August Wöginger (ÖVP)

… wird immer schlamperter!
Abgeordneter Herbert Kickl (FPÖ)

Zu Wort gemeldet ist Herr Abgeordneter Loacker.
Präsident Mag. Wolfgang Sobotka

Eine seltene Verwechslung!
Abgeordneter Mag. Gerald Loacker (NEOS)

Entschuldigung, Lopatka.
Präsident Mag. Wolfgang Sobotka

Pandemie

15. März 2020, 16. Sitzung

Die Ausbreitung des Coronavirus trifft uns nicht überraschend, sie trifft uns auch nicht unvorbereitet, aber dennoch konfrontiert uns dieses Virus in Europa und in Österreich mit einer Härte, wie es sich viele von uns gar nicht vorstellen können.
Bundeskanzler Sebastian Kurz

Halten Sie Abstand! Das ist das, was am meisten hilft.
Bundesminister für Kunst, Kultur, öffentlichen Dienst und Sport
Vizekanzler Mag. Werner Kogler

Ist die Gefahr eingedämmt, ist sie gebannt? – Dazu gibt es als Antwort nur ein klares, lautes, deutliches Nein!
Abgeordnete Dr. Pamela Rendi-Wagner, MSc (SPÖ)

Der Begriff Corona steht für uns alle, ob wir das wollen oder nicht, für Dinge wie Ungewissheit, Unsicherheit, Verzicht, Gefahr, Leid, Schmerz und Tod.
Abgeordneter Herbert Kickl (FPÖ)

... Eigenverantwortung eines jeden Einzelnen, einer jeden Einzelnen, aber auch Verantwortung füreinander: aufeinander schauen, umsichtig sein und miteinander diesen Weg gehen, allerdings auf Distanz.

Abgeordnete Mag. Beate Meinl-Reisinger, MES (NEOS)

Unser Leben wird sich in den nächsten Monaten massiv verändern müssen, damit wir den Virus tatsächlich aushungern können.

Bundesminister für Soziales, Gesundheit, Pflege und Konsumentenschutz Rudolf Anschober

Die Polizei selbst, die Polizistinnen und Polizisten, die gerade jetzt Dienst tun, fühlt sich einem Motto verpflichtet, nämlich zu schützen, zu helfen und gegebenenfalls auch zu sichern.

Bundesminister für Inneres Karl Nehammer, MSc

20. März 2020, 19. Sitzung

Dass es in dieser Situation zum ersten Mal seit 1953 keine klassische Budgetrede gibt, ist da fast schon die banalste Maßnahme und hoffentlich auch eine Ausnahme in der Geschichte der Zweiten Republik.

Bundesminister für Finanzen Mag. Gernot Blümel, MBA

Das heißt, wir geben Rechte oder Kompetenzen, die eigentlich dem Parlament zustehen, an Minister, an die Exekutive weiter, und diese Verordnungsermächtigungen gehen sehr weit.

Abgeordneter Mag. Harald Stefan (FPÖ)

28. April 2020, 27. Sitzung

Den Schlusssatz bitte, Herr Abgeordneter! Sie sind schon weit darüber.

Präsident Mag. Wolfgang Sobotka

Herr Präsident, heute gibt es eine Zugabe wie im Opernhaus, heute dauert es ein bisschen länger!

Abgeordneter Josef Schellhorn (NEOS)

Im Gegensatz zu dieser Bundesregierung ist das Rote Kreuz bei den Österreicherinnen und Österreichern aus gutem Grund ziemlich populär.

Abgeordnete Dr. Dagmar Belakowitsch (FPÖ)

13. Mai 2020, 30. Sitzung

Ich bin keiner, der gerne auf die ÖVP hinhaut und grundlos kritisiert, aber angesichts des Eiertanzes, den wir heute seitens der ÖVP beobachten konnten, ...

Abgeordneter Philip Kucher (SPÖ)

Grundrechte und Demokratie sind wichtig, das Parlament braucht ein Miteinander, und das in Zeiten der Krise mehr denn je.
Abgeordnete Pia Philippa Strache (ohne Klubzugehörigkeit)

26. Mai 2020, 32. Sitzung

Sie haben vor lauter internen und externen Streitereien ja gar keine Zeit, sich um uns zu kümmern. Ich sage Ihnen, Sie sind reif für die Unglaubwürdigkeitsmedaille in Gold, meine Damen und Herren.
Abgeordneter Peter Haubner (ÖVP, in Richtung SPÖ)

Daher darf ich mit Henry Ford enden. Er hat gesagt: »Zusammenkunft ist ein Anfang.« – So wie hier. – »Zusammenhalt ist ein Fortschritt. Zusammenarbeit ist der Erfolg.«
Abgeordneter Mag. Wolfgang Gerstl (ÖVP)

Werte Damen und Herren, stimmen Sie zu! Klatschen allein verbessert die finanzielle Absicherung unserer Polizeibeamten nicht!
Abgeordneter Christian Ries (FPÖ)

Als Letzter am heutigen Tag zu Wort gemeldet ist Abgeordneter Stocker – vielleicht auch noch eine humorvolle Einlage zum Schluss, damit Sie mit gutem Gefühl schlafen gehen.
Präsident Mag. Wolfgang Sobotka

Auf dieser Zugstrecke gibt es in Niederösterreich kilometerlange Untertunnelungen ... Anscheinend sind die Tunnel dafür gebaut worden, dass die Jäger freies Schussfeld haben, ...

Abgeordneter Dietmar Keck (SPÖ)

Das heißt, der Finanzminister ist berechtigt, ein Konto zu überziehen, das es blöderweise nicht gibt.

Abgeordneter Kai Jan Krainer (SPÖ)

Angesichts dieses Fakebudgets, das wir heute hier diskutieren, habe ich mir auch eine andere Zugangsweise zu dieser Diskussion einfallen lassen: Probieren wir es einmal so!

Abgeordnete Mag. Dr. Sonja Hammerschmid (SPÖ)
(eine Flasche Sekt auf das Rednerpult stellend)

Immer wenn ein Politiker etwas von netto faselt, dann stirbt irgendwo ein Personalverrechner.

Abgeordneter Mag. Gerald Loacker (NEOS)

Mir scheint, es wäre angebracht, das neue Motto der SPÖ offenzulegen: Land der Berge, Land der Äcker, wer wos orbeit, hot an Pecka!

Abgeordnete Bettina Zopf (ÖVP)

..., das EU-Budget jetzt in der Coronakrise. Ich weiß nicht, ob sich da jemand etwas darunter vorstellen kann; es war auch für mich sehr schwer: 1,8 Billionen Euro. Ich habe googeln müssen, wie es dann weitergeht.

Abgeordneter Peter Wurm (FPÖ)

Das wundert mich auch nicht!

Abgeordnete Sigrid Maurer, BA (Grüne)

Das, was Sie, Herr Finanzminister, hier geliefert haben, ist ein budgetpolitischer Offenbarungseid. Um es in Anlehnung an Sebastian Kant, ah, Immanuel Kant zu sagen ...

Abgeordneter Herbert Kickl (FPÖ)

Was glauben Sie, Herr Finanzminister Blümel, würde ein Maturant bei der Mathematik-Matura bekommen, wenn er seine Arbeit abgibt und zum Lehrer sagt, es stimmt keine einzige Zahl?

Abgeordneter Michael Schnedlitz (FPÖ)

Da geben Sie nur bekannt, was Sie ausgeben – und die Einnahmen bleiben gleich, das kann nicht Ihr Ernst sein! Wenn ich mit dem zur Bank gehe, dann sagen mir die: Drah um auf der Fersn und schleich di!

Abgeordneter Josef Schellhorn (NEOS)

Der Finanzminister, der jetzt wieder ins Handy schaut, glaubt wahrscheinlich, ... dass die Auszahlungsgrenze für das Budget 102.389.239.000 Euro beträgt ... Durch seinen Abänderungsantrag ist jetzt gerade beschlossen worden, dass die Auszahlungsobergrenze für das Budget 102.389,24 Euro ist.

Abgeordneter Kai Jan Krainer (SPÖ)

29. Mai 2020, 34. Sitzung

Wenn das nächste Mal der Vizekanzler sagt: In aller gebotenen Kürze, dann machen Sie sich auf etwas gefasst, ...

Abgeordneter Josef Schellhorn (NEOS)

Bitte verlassen Sie nicht das Rednerpult, Herr Genosse!

Präsident Ing. Norbert Hofer

Es ehrt mich, Herr Präsident, aus Ihrem Munde! »Genosse« ist für mich immer eine Auszeichnung – weil es von genießen kommt.

Abgeordneter Robert Laimer (SPÖ)

Wenn die Sonne mit uns lacht, hat's die ÖVP gemacht, gibt es Regen, Sturm und Schnee, war's bestimmt die FPÖ, ...

Abgeordneter Peter Schmiedlechner (FPÖ)

Wenn das bei den Grünen so weitergeht, dann können wir sie demnächst zu unseren Sonnwendfeiern einladen.

Abgeordneter Peter Wurm (FPÖ)

Zum Abschluss richte ich einen Appell an die ÖVP: Wir feiern jetzt Pfingsten. ... Es geht letztendlich um die Herabkunft des Heiligen Geistes, ...

Abgeordneter Josef Muchitsch (SPÖ)

Er möge auf dich herabkommen!

Abgeordneter Karlheinz Kopf (ÖVP)

Ich befinde mich in einem Zustand innerer Rührung: So lange keine Sonntagsmesse und dann kommt Pater Beppo Muchitsch und liest uns die Pfingstbotschaft vor!

Abgeordneter Mag. Klaus Fürlinger (ÖVP)

Geschätzte Kolleginnen und Kollegen, wie tief wollen Sie eigentlich noch fallen?

Abgeordneter Peter Wurm (FPÖ, in Richtung ÖVP und Grüne)

Tiefer als die FPÖ nicht!

Abgeordnete Gabriela Schwarz (ÖVP)

Sie führen dieses Parlament ja vollkommen ad absurdum. Werden jetzt Gesetze bei Pressekonferenzen gemacht?

Abgeordneter Peter Wurm (FPÖ)

17. Juni 2020, 36. Sitzung

Die Standortgarantie ist natürlich eine potemkinsche, denn in ein paar Jahren wird halt die Fluglinie wieder dastehen, ...
Abgeordneter Mag. Gerald Loacker (NEOS)

Das ist ein Dauersparschwein!
Abgeordneter MMMag. Dr. Axel Kassegger (FPÖ)

◇◇◇

Sie wollen also den Frauen Gewaltschutz mit einer angezogenen Handbremse angedeihen lassen. – Das geht nicht. Da gibt es einen Kolbenreiber.
Abgeordnete Nurten Yılmaz (SPÖ)

18. Juni 2020, 38. Sitzung

..., und keiner vom Attersee, im Vöcklabrucker Bezirk, oder in Ried, wo ich auch war, hat gesagt: Gustl, das ist ein Superkonzept!
Abgeordneter Alois Schroll (SPÖ)

Du bist a net der Gust!
Abgeordneter August Wöginger (ÖVP)

7. Juli 2020, 43. Sitzung

Zuerst haben Sie die Dinge verharmlost und schöngeredet, Stichwort: »Wir haben zu wenig Willkommenskultur«, »der durchschnittliche Zuwanderer ist intelligenter als der durchschnittliche Österreicher«. Das sind zwei unsterbliche Zitate Ihres Erlösungskanzlers aus der Frühphase, ...

Abgeordneter Herbert Kickl (FPÖ)

9. Juli 2020, 47. Sitzung

Nach diesem vehement vorgetragenen Lausch-Angriff auf die Koalition möchte ich festhalten ...

Abgeordneter Mag. Georg Bürstmayr (Grüne)

Herr Abgeordneter, wir haben uns einmal darauf geeinigt, dass wir mit Namen von Mandataren keine Spielchen machen. ...

Präsident Ing. Norbert Hofer

..., was das damit zu tun hat, dass ich mich an den zweifellos fantastischen Vorführungen der Staatsoper ergötze. Herr Kollege Hintner hat gemeint, dass das Haus hervorragend geführt werde.

Abgeordneter Wolfgang Zanger (FPÖ)

Die Nationalbibliothek!

Abgeordneter Hans Stefan Hintner (ÖVP)

Das war sicher so, als Dominique Meyer noch Direktor war ...

Abgeordneter Wolfgang Zanger (FPÖ)

Die Nationalbibliothek!
Abgeordneter Hans Stefan Hintner (ÖVP)

Ach so, die Nationalbibliothek! Gut, okay, wurscht, aber ist ja egal.
Abgeordneter Wolfgang Zanger (FPÖ)

14. September 2020, 49. Sitzung

Früher war Lotto, heute ist Coronaampel ...
Abgeordneter Herbert Kickl (FPÖ)

Ich habe vor Kurzem gelesen, es gibt bei Trainings offensichtlich ein Prinzip, das das Sabta-Prinzip genannt wird: sicheres Auftreten bei totaler Ahnungslosigkeit!
Abgeordnete Mag. Beate Meinl-Reisinger, MES (NEOS)
(in Richtung Bundesregierung)

23. September 2020, 51. Sitzung

Manchmal kriegt man den Applaus von der falschen Seite, aber gut.
Abgeordneter Michael Bernhard (NEOS)
(wegen Beifall bei Abgeordneten der ÖVP)

..., das ist der Gesundheitsminister. Natürlich, der sticht ein wenig hervor. Für mich ist er so etwas Ähnliches wie die männliche Ausgabe von Ulrike Lunacek.

Abgeordneter Herbert Kickl (FPÖ)

Ich habe es satt, von einem Show-Team von Politamateuren regiert zu werden.

Abgeordneter Josef Schellhorn (NEOS)

Sehr geehrte FPÖ, auch für Sie gelten die Grundanforderungen der Logik in der parlamentarischen Arbeit!

Abgeordnete Dr. Gudrun Kugler (ÖVP)

..., dass ich heute einen Anruf von jemandem bekommen habe, der ... gesagt hat: Mit diesen Glaskobeln schaut ihr alle aus wie ein Haufen Hendln in einer Legebatterie!

Abgeordneter Wolfgang Zanger (FPÖ)

7. Oktober 2020, 53. Sitzung

..., Herr Finanzminister. Ich zitiere: »*Qui non est hodie, cras minus aptus erit.*« Kollege Leichtfried, bevor Sie jetzt zu googeln anfangen: Das war Latein.

Abgeordneter Herbert Kickl (FPÖ)

(Ovid: Wer heute nicht geeignet ist, wird es morgen noch weniger sein)

Ich habe Ihre Worte und jene des Herrn Bundeskanzlers ja noch im Ohr. Den Mund haben Sie vor den Verhandlungen über die Mitgliedsbeiträge für die Europäische Union so weit aufgerissen, dass ein Salzstangerl quer hineingepasst hätte.

Abgeordneter Herbert Kickl (FPÖ)

14. Oktober 2020, 5. Sitzung

…, denn solche Schuldenleugner, meine sehr geehrten Damen und Herren, sind den Klimaleugnern sehr, sehr ähnlich: Beide leben auf Kosten der Zukunft und hinterlassen der nächsten Generation verbrannte Erde.

Bundesminister für Finanzen Mag. Gernot Blümel, MBA

Warum spreche ich von Heuchelei?

Abgeordnete Dr. Susanne Fürst (FPÖ)

Frau Abgeordnete, ich würde Sie ersuchen, sich in der Ausdrucksweise zu mäßigen, weil ich Ihnen für den Begriff Heuchelei eigentlich einen Ordnungsruf erteilen müsste.

Präsidentin Doris Bures

Scheinheiligkeit?

Abgeordnete Dr. Susanne Fürst (FPÖ)

Ebenso.

Präsidentin Doris Bures

Lassen Sie mich bitte Folgendes betonen!
Erstens: Eine Flagge ist keine Hilfsmaßnahme.

Abgeordnete Henrike Brandstötter (NEOS)

Das Tracking und Tracing funktioniert nicht. Bürger bekommen die Ergebnisse ihrer Covid-Tests nach fünf bis zehn Tagen – ich meine, in diesem Zeitraum haben Sie fünf bis sieben Pressekonferenzen abgehalten.

Abgeordneter Mag. Gerald Loacker (NEOS)
(in Richtung Gesundheitsminister)

Ihr lasst nichts zu. Das ist Meinungsdiktatur, das ist ÖVP-geführte Coronadiktatur.

Abgeordneter Wolfgang Zanger (FPÖ)

Herr Abgeordneter Zanger, für den Ausdruck »Meinungsdiktatur« erteile ich Ihnen einen Ordnungsruf.

Präsidentin Doris Bures

..., Sie schüren Angst, indem Sie den Menschen Maulkörbe in Form von Masken umhängen.

Abgeordneter Wolfgang Zanger (FPÖ)

So wie der Babyelefant notwendig ist, damit wir die Infektionszahlen unten halten, brauchen wir ein Sparschwein, jeder für sich zu Hause, und auch das Wissen, wie man es gut füttert.

Abgeordneter Mag. Peter Weidinger (ÖVP)

Dieses Thema heute könnte man aber auch unter einen anderen Titel stellen, nämlich: Stirb langsam, dann bist du auch tot, lieber Wirt! – ein Bühnenstück der ÖVP in Kooperation mit dem Wirtschaftsbund über mehrere Jahre. ...

Abgeordneter Wolfgang Zanger (FPÖ)

Sie brauchen sich nicht so aufzuregen, Herr Kollege Kickl, ... Wenn Sie wirklich einmal reiten wollen. Ich habe zwei liebe Ponys zu Hause, ich lade Sie recht herzlich ein.

Abgeordneter Andreas Kühberger (ÖVP)

Oder, Kollege Laimer – an und für sich verstehen wir uns ja recht gut –: Verballhornungen von Namen wie Tannern und Täuschen, das ist wenig tugendhaft.

Abgeordneter Mag. Friedrich Ofenauer (ÖVP)

Wenn Sie sich zum Thema Landesverteidigung äußern, dann bereitet mir das regelrecht körperliche Schmerzen, ...

Abgeordneter Ing. Mag. Volker Reifenberger (FPÖ)
(in Richtung Bundesministerin für Landesverteidigung Mag. Klaudia Tanner)

17. November 2020, 62. Sitzung

Meinungsmäßig darf sowieso nur geäußert werden, was aus den kontrollierten Ergüssen des Chaosquartetts Kurz, Kogler, Anschober und Nehammer stammt. ...

Abgeordneter Wolfgang Zanger (FPÖ)

..., jetzt ist August Wöginger nicht da ... Lieber Klubobmann, ich bin ja Gott sei Dank nicht dabei, wenn Sie in der Früh in den Spiegel schauen, ...

Abgeordneter Rainer Wimmer (SPÖ)

Zu einer tatsächlichen Berichtigung gelangt Frau Abgeordnete Heinisch-Hosek zu Wort. Schauen wir – ich weiß auch nicht, was sie sagt.

Präsident Mag. Wolfgang Sobotka

Aber ich weiß es!

Abgeordnete Gabriele Heinisch-Hosek (SPÖ)

Ich bin schon der Meinung, dass der ÖVP-Obmann damals Sebastian Kurz und nicht Weihnachtsmann geheißen hat ...

Abgeordnete Julia Elisabeth Herr (SPÖ)

Wäre die ÖVP ein Tier, wäre sie ein Krokodil, weil da auch der Mund das Größte ist.

Abgeordneter Mag. Gerald Loacker (NEOS)

Wenn Sie als Nadelstreifenpolitiker so hackeln würden wie unsere fleißigen Arbeiter und Bauern, dann würde nicht nur für die Bauern, sondern grundsätzlich für unser Land mehr weitergehen.

Abgeordneter Michael Schnedlitz (FPÖ)

Sehr geehrter Herr Präsident!

Abgeordneter Norbert Sieber (ÖVP)

Der telefoniert!

Ruf bei der FPÖ

Sehr geehrte Frau Minister! Hohes Haus!

Abgeordneter Norbert Sieber (ÖVP)

Das Telefon am Platz des Präsidenten läutet erneut

Herr Präsident, das gibt eine Spende an die Drei Könige.

Abgeordneter Norbert Sieber (ÖVP)

Ich habe es erlebt, Homeoffice zu machen, ... Sie können sich sicher sein, ich habe mehrere Hundert Plastilinpizzen gegessen, und wenn ich noch eine Uno-Karte sehe, ist wirklich alles aus.

Abgeordneter Alexander Melchior (ÖVP)

Frau Kollegin Graf, die ÖVP braucht man nicht auseinanderzudividieren! Die ist in ihren Meinungen so einzementiert, dass man da, glaube ich, mit einem Panzer drüberfahren kann.

Abgeordneter Walter Rauch (FPÖ)

Seit einem Jahr sind die Grünen in der Regierung, und das Klima ist noch immer nicht gerettet. Es schaut so aus, als ob die Grünen von der ÖVP gelernt hätten: Ankündigungen und wenig umsetzen.

Abgeordneter Peter Schmiedlechner (FPÖ)

20. November 2020, 64. Sitzung

Giordano Bruno glaubte an die Natur, ... Lenin glaubte an die Geschichte, ein Vorgänger von Bürgermeister Ludwig glaubt an den Gott Bacchus.

Abgeordneter Mag. Dr. Rudolf Taschner (ÖVP)

Mein Vorredner von der ÖVP hat behauptet, die Jahrgänge 2014 bis 2019 wären mit Abschlägen in Pension gegangen. Ich berichtige tatsächlich: Die Jahrgänge 2014 bis 2019 gehen nicht in Pension, Jahrgang 2019 lernt gerade gehen.

Abgeordnete Dr. Dagmar Belakowitsch (FPÖ)

…, aber wer mit der ÖVP in Koalition ist, weiß, dass man oft einen Blutzoll zahlen muss.

Abgeordneter Peter Wurm (FPÖ)

Liebe Claudia, Frau Kollegin Plakolm, bei der Rede, die du heute gehalten hast, frage ich mich wirklich: Wie dreist kann man eigentlich sein?

Abgeordneter Yannick Shetty (NEOS)

10. Dezember 2020, 69. Sitzung

Für meine Enkelkinder wird dieses Jahr hoffentlich einfach eine historische Zäsur sein, so wie für uns heute die Schweine-grippe, ah, die Spanische Grippe.

Abgeordneter Lukas Hammer (Grüne)

Die Schöpfungsgeschichte aus der Bibel, also wie die Erde entstanden ist, ist zum Beispiel insofern Fakenews, als dass sie wissenschaftlich widerlegt ist.

Abgeordneter Mag. Harald Stefan (FPÖ)

Frau Kollegin, könnten Sie bitte noch ergänzen, dass der Nationalrat das in zweiter Lesung beschließen wolle? ...

Präsident Ing. Norbert Hofer

Ich hätte noch so vieles zu sagen. Was ich aber auf jeden Fall noch sagen möchte, ...

Abgeordnete Mag. Agnes Sirkka Prammer (Grüne)

Bitte gehen Sie noch nicht, Frau Kollegin! Sie müssen bitte den einen Satz noch sagen: Der Nationalrat möge in zweiter Lesung beschließen! ...

Präsident Ing. Norbert Hofer

Der Nationalrat wolle in zweiter Lesung beschließen, was ich vorhin gesagt habe.

Abgeordnete Mag. Agnes Sirkka Prammer (Grüne)

..., nämlich betreffend das Kaufhaus Österreich. Das ist ja auch nichts anderes als ein Firmen-ABC, ...

Abgeordneter Josef Schellhorn (NEOS)

Ja, das ist das Problem mit der ÖVP: Das Problembewusstsein ist da, aber ihr tut nichts.

Abgeordneter Peter Schmiedlechner (FPÖ)

Die Steinzeit ist auch nicht deshalb zu Ende gegangen, weil den Menschen die Steine ausgegangen wären.

Bundesminister für Kunst, Kultur, öffentlichen Dienst und Sport
Vizekanzler Mag. Werner Kogler

Der überwiegende Teil der Anträge in den Ausschüssen kommt von der Opposition. Was passiert damit? – Abgelehnt, vertagt, abgelehnt, vertagt!

Abgeordnete Eva Maria Holzleitner, BSc (SPÖ)

11. Dezember 2020, 71. Sitzung

Kollege Kaniak hat völlig recht: Das, was uns da die Mehrheitsfraktionen im Ausschuss serviert haben, war an der Grenze zur Provokation, vor 100 Jahren hätte man sich bei solch einem Vorgehen geprügelt.

Abgeordneter Mag. Gerald Loacker (NEOS)

Ein leerer Zettel! Ein leerer Zettel! Ich meine, Entschuldigung, wir haben die größte Gesundheitskrise der Zweiten Republik, und ÖVP und Grüne bringen einen leeren Zettel ein?

Abgeordneter Philip Kucher (SPÖ)

Kollege Vogl hat wenigstens so viel Seriosität, dass er hergeht und sagt, es ist nichts Unübliches, dass Anträge eingebracht werden, die dann abgeändert werden. Wir nennen das im Fachjargon Trägerraketen.

Abgeordneter August Wöginger (ÖVP)

21. Dezember 2020, 75. Sitzung

Ich finde es schon einigermaßen amüsant, dass ausgerechnet von Ihnen, Herr Kickl, Tipps dazu gegeben werden, wie man sich staatsmännisch verhalten soll, ...

Abgeordnete Sigrid Maurer, BA (Grüne)

Ich kenne Sie mittlerweile gut genug, Herr Klubobmann.

Bundeskanzler Sebastian Kurz

Das glaube ich nicht!

Abgeordneter Herbert Kickl (FPÖ)

Blau ist an sich eine schöne Farbe, ich liebe blau, derzeit fällt mir zu blau aber ein: flau, mau, viel Radau und oft wenig Tau!

Abgeordneter Dr. Werner Saxinger, MSc (ÖVP)

Lassen Sie mich als letzte Rednerin in diesem Jahr und als letzte Rednerin unserer Fraktion zum Abschluss sagen: Es war ein unglaublich anstrengendes Jahr, vor allem für die Österreicherinnen und Österreicher. Wir stecken inmitten einer Pandemie, und ich befürchte, das nächste Jahr wird nicht weniger anstrengend.

Abgeordnete Mag. Nina Tomaselli (Grüne)

Ich wünsche Ihnen ein gutes Nachhausekommen. Es ist die vorläufig letzte Sitzung in diesem Jahr – man kann ja nie wissen. Ich wünsche Ihnen jedenfalls geruhsame Feiertage.

Die Sitzung ist geschlossen.

Präsident Mag. Wolfgang Sobotka

AUSBLICK

13. Jänner 2021, 76. Sitzung

Es gibt einen Text der Austroband »Minisex«, ich habe ihn ein wenig adaptiert. Der Herr Präsident kann ihn dann singen, er singt besser als ich. Er heißt: Rudi, Rudi, gib acht! Rendi will an die Macht. Basti hat ihr ein Angebot gemacht ...
Abgeordneter Herbert Kickl (FPÖ)

4. Februar 2021, 81. Sitzung

Die Wahrheit tut weh.
Bundesminister für Inneres Karl Nehammer, MSc

Die Wahrheit tut gut!
Abgeordneter Mag. Harald Stefan (FPÖ)

24. Februar 2021, 85. Sitzung

Mit dieser Anklage wirken Sie eher wie ein Kfz-Mechaniker, der den Motor am Fahrersitz sucht.
Abgeordneter Mag. Wolfgang Gerstl (ÖVP, in Richtung FPÖ)

Kommen wir zum Punkt: Warum wollen Sie das nicht? – Das ist ja, glaube ich, ganz klar: weil die ÖVP Transparenz scheut wie der Teufel das Weihwasser.
Abgeordnete Dipl.-Ing. Karin Doppelbauer (NEOS)

Ich weiß nicht, ob das jetzt an mir liegt, dass sich die Reihen wieder etwas lichten.
Abgeordneter Philip Kucher (SPÖ)

25. März 2021, 91. Sitzung

Es ist ein tolles Museum, und es verdient vielleicht auch eine bessere Verkehrsanbindung.
Abgeordneter Franz Hörl (ÖVP, Anm.: *Heeresgeschichtliches Museum*)

Ja, eine Seilbahn!
Abgeordneter David Stögmüller (Grüne)

Epilog

Diese Satire gewährt Einblicke in die parlamentarische Debatte zu einer Zeit, die geprägt war von Pannen bei der Wahl des Bundespräsidenten, Schwierigkeiten im Umgang mit Flüchtlingen und Migrant*innen, BVT- und Ibiza-Skandalen, dem Sturz der Kurz Regierung I, der ersten Bundeskanzlerin und der Covid-19 Pandemie. All das hat das Parlament und die Abgeordneten vor zahlreiche Herausforderungen gestellt. Ihren Sinn für Humor haben sie dabei nicht verloren. Die gut bezahlten Abgeordneten sind Menschen wie Sie und ich. Spitzbübischer Sprachwitz, gespielte Gesten, Selbstlob oder plakative Polemik dominieren, wenn im Hohen Haus der Pegelstand politischer Aufregung Höhen erreicht, in denen die Sachlichkeit versinkt.

Casinoparlamentarismus, Kasperltheater, Kabarett, Wirtshaus, Studentenbude, Märchenstunde, Therapiestunde, Quatsch-Bude, Flohhaufen, Gschichtldrucker, Raubersgschichten, Spaßvogel, Schwätzer, Schwänzer, Handyspieler, Rotzbube oder Klassengangs sind Ausdrucksformen, die ich den Reden der Abgeordneten – über ihre Kolleg*innen oder das Parlament – entnommen habe. Je höher ihre Emotionen gehen, umso tiefer sinkt das Niveau und mit ihm die Würde des Hohen Hauses.

Die öffentliche Debatte im Parlament ist ein wichtiger demokratischer Grundwert, damit sich die Wähler*innen durch die Diskussionen, Fragen und Antworten ein Bild über die Arbeit im Parlament und der Regierung machen können. Wir wissen, dass die Demokratie Gefahr läuft zu erodieren, wenn man sie vernachlässigt. Wer in der Demokratie schläft, wacht in der Tyrannei auf, besagt ein politischer Spruch. Dieses Buch soll einen Beitrag zur Transparenz der parlamentarischen Arbeit leisten und eine breitere Öffentlichkeit dafür interessieren. Vielleicht gelingt es, dass durch diese Aufmerksamkeit die Debatten im Hohen Haus wieder zu mehr Sachlichkeit zurückkehren.

Im Ergebnis haben Sie eine Klimastudie und ein Stimmungsbild des Parlaments vor sich, geprägt von Zwischen-, Ordnungs- und Zurufen. Die Grundlage dafür bilden ca. 30.000 Seiten in 120 Sitzungsprotokollen. Obwohl es im Parlament ein Aufzeichnungssystem gibt, werden die Sitzungen stenographisch protokolliert. Zum Glück! Denn ohne die Protokolle wäre es nicht möglich zu erfassen, wer die Zwischenrufe macht, klatscht oder eine Tafel hochhält. Mein Dank gilt daher an dieser Stelle den Stenotypist*innen für die mühevolle Arbeit, den Abgeordneten sowie Redner*innen für ihre zahlreichen Wortspenden und dem Präsidium für sein Verständnis. Bereits der Gelehrte Demokrit erkannte die heilende Wirkung des Lachens. In diesem Sinne hoffe ich, dass Sie beim Lesen dieses Buches auch viel lachen mussten.

Heinz Habertheuer